utb 4835

W0058942

Eine Arbeitsgemeinschaft der Verlage

Böhlau Verlag · Wien · Köln · Weimar
Verlag Barbara Budrich · Opladen · Toronto
facultas · Wien
Wilhelm Fink · Paderborn
A. Francke Verlag · Tübingen
Haupt Verlag · Bern
Verlag Julius Klinkhardt · Bad Heilbrunn
Mohr Siebeck · Tübingen
Ernst Reinhardt Verlag · München · Basel
Ferdinand Schöningh · Paderborn
Eugen Ulmer Verlag · Stuttgart
UVK Verlagsgesellschaft · Konstanz, mit UVK/Lucius · München
Vandenhoeck & Ruprecht · Göttingen · Bristol
Waxmann · Münster · New York

Dr. habil. Sebastian Lerch ist Juniorprofessor für
Lebenslanges Lernen an der Johannes Gutenberg-
Universität Mainz.

Sebastian Lerch

Interdisziplinäre Kompetenzen

Eine Einführung

Münster · New York

Online-Angebote oder elektronische Ausgaben sind erhältlich
unter www.utb-shop.de

Bibliografische Informationen der Deutschen Nationalbibliothek
Die Deutsche Nationalbibliothek verzeichnet diese Publikation in der
Deutschen Nationalbibliografie; detaillierte bibliografische Daten sind
im Internet über http://dnb.d-nb.de abrufbar.

utb 4835
ISBN 978-3-8252-4835-2

© Waxmann Verlag GmbH, 2017
www.waxmann.com
info@waxmann.com

Einbandgestaltung: Atelier Reichert, Stuttgart
Einbandmotiv: © nevodka – Shutterstock.com
Lektorat: Dr. Eva-Maria Lerche
Satz: Stoddart Satz- und Layoutservice, Münster
Druck: Friedrich Pustet GmbH & Co. KG, Regensburg

Gedruckt auf alterungsbeständigem Papier,
säurefrei gemäß ISO 9706

Inhalt

Vorwort

Mit dem vorliegenden Einführungsbuch lege ich einen Ordnungsversuch eines Feldes vor, zu dem ich in den letzten Jahren immer wieder gearbeitet habe. Begonnen hat die Beschäftigung mit „Kompetenzanalysen" im Rahmen meiner Habilitationsstudie an der Otto-Friedrich-Universität Bamberg. Dort ist das Thema der Interdisziplinarität sowohl im Rahmen eigener Forschung als auch in Form einer Mitarbeit an einer wissenschaftlichen Begleitstudie gefördert worden. Daneben wurden aktuell ein Projekt an der Johannes Gutenberg-Universität Mainz und im Anschluss eine wissenschaftliche Begleitstudie zu einem BMBF-geförderten Projekt der Hochschule Coburg, in dem es zentral um das Fördern interdisziplinärer Kompetenzen bei Studierenden geht, bewilligt.

Zudem erprobe ich im Rahmen praktischer Kooperationen über disziplinäre Grenzen hinweg gerade selbst Chancen und Grenzen interdisziplinären Arbeitens. Auch diese eigenen Erfahrungen haben dem Buch wichtige Impulse gegeben. Mein eigenes Interesse richtet sich in diesem Einführungsbuch zu „interdisziplinären Kompetenzen" vor allem auf die Beantwortung der Frage nach Begriff und Inhalt, aber auch auf Systematisierung und Konsequenzen für Theorie, Praxis und Empirie.

Das Verfassen eines Buchs ist nicht ohne die Unterstützung von Kolleginnen und Kollegen sowie deren kritischen Kommentierungen möglich. Zunächst gilt mein Dank den studentischen Hilfskräften für die Mitarbeit an Recherche, Ordnung und Diskussion. Durch viele Gespräche mit Maresa Getto, Karsten Klüner und Anne Wisseler sind einige Ideen entwickelt worden und konnten in das Einführungsbuch aufgenommen werden. Daneben möchte ich Dr. Martin Beyer für seine erneute Bereitschaft zur Kommentierung und Korrektur ausdrücklich danken. Gleiches gilt für Madeleine Kaul, die immer wieder wertvolle Hinweise gegeben hat.

Sebastian Lerch, Würzburg, im Juli 2017

Einleitung

„Interdisziplinarität" und „interdisziplinäre Kompetenzen" erleben gegenwärtig eine Konjunktur. In verschiedenen Zusammenhängen (Studium, Praxis und Forschung) werden die Label verwendet, in vielen Projektanträgen werden sie erwartet. Manchmal ist das notwendige Rhetorik, häufig aber ist Interdisziplinarität heute ein unabdingbares Element wissenschaftlicher Forschung. Fragestellungen und Themen werden immer komplexer und können entweder nur noch in kleinen spezialisierten Einheiten bearbeitet oder von einer größeren Gruppe aus unterschiedlichen Fachkulturen heraus behandelt werden. Neben wissenschaftlichen Zusammenhängen zeigen sich die Begriffe „Interdisziplinarität" und „interdisziplinäre Kompetenzen" in bildungspolitischen und öffentlichen Debatten. Dies hängt zu einem wesentlichen Teil mit der Strukturierung von Arbeitsaufgaben (u. a. Team- und Projektarbeit) zusammen. Neben solchen aus Arbeitszusammenhängen resultierenden Begründungen finden sich auch strategische Motive: Es scheint gewinnbringend und unter dem Aspekt der Konkurrenz von Personen, Betrieben oder Hochschulen von Vorteil (oder einfach „chic"), wenn über disziplinäre Grenzen hinweg gearbeitet (oder zumindest gedacht) wird.

„Interdisziplinäre Kompetenzen" tauchen überall auf, sind manchmal eher unbewusst oder werden gar nicht als solche erkannt. Trotz oder gerade weil der Begriff schillert, fällt ihm eine gewisse Selbstverständlichkeit anheim. Unklar bleibt, welches theoretische, empirische und praktische Potential sich im Begriff ausdrückt. Es ist daher dringend erforderlich, eine grundlegende und systematische Reflexion, eine Verständigung über „interdisziplinäre Kompetenzen" zu versuchen.

Das vorliegende Buch beabsichtigt eine Einführung für Studierende, Lehrende, Fachleute sowie praktisch Tätige. Dazu widmet es sich der Beschaffenheit, der Struktur, der Funktion und dem Potential von Interdisziplinarität und interdisziplinären Kompetenzen. Das Einführungsbuch zielt insgesamt darauf ab, das als selbstverständlich erachtete Phänomen in dessen Breite und Tiefe herauszuarbeiten. Es widmet sich dazu theoretischen, empirischen und praktischen Ausformungen. Damit bietet es eine umfassende Übersicht über die Vielschichtigkeit und Komplexität des Themas.

1. Systematische Annäherung an Interdisziplinarität und interdisziplinäre Kompetenzen

Im ersten Kapitel wird es zunächst darum gehen, systematische Annäherungen an „Interdisziplinarität" und „interdisziplinäre Kompetenzen" zu vollziehen. Neben theoretischen Aspekten werden hier semantische Verschiebungen und aktuelle gesellschaftliche Entwicklungen berücksichtigt, um das Phänomen in seiner Gesamtheit zu erschließen. Hierzu wird eine thematische Standortbestimmung vollzogen (vgl. Kap. 1.1 Interdisziplinäre Kompetenzen: Die Ausgangslage), divergierende Momente werden skizziert (vgl. Kap. 1.2 Spannungsfelder von Interdisziplinarität) und gesellschaftlich bedeutsame Phänomene, die das Thema bedingen, werden vorgestellt (vgl. Kap. 1.3 Gesellschaftliche Veränderungen und interdisziplinäre Kommunikation). Eine Bilanz (vgl. Kap. 1.4 Zusammenfassung) schließt das Kapitel ab.

1.1 Interdisziplinäre Kompetenzen: Die Ausgangslage

Eine Einführung zu Begriff und Bedeutung interdisziplinärer Kompetenzen ist kein einfaches Vorhaben. Der Begriff wird zumeist unreflektiert verwendet, als wüsste man, was sich hinter ihm verbirgt.

> „Es gibt nur wenige Begriffe in der aktuellen Wissenschaftsdiskussion, bei denen die Diskrepanz zwischen Verwendungshäufigkeit und theoretischer Reflexion so groß ist wie im Fall der Interdisziplinarität. Kaum ein Kontext, an dem sie nicht als förderlich erachtet, kaum ein Tag, an dem sie nicht in wissenschaftspolitischen Debatten als unverzichtbare Schlüsselkompetenz postuliert wird." (Jungert 2013 (2), S. 1)

Ebenso ist Kompetenz positiv besetzt und nicht minder mehrdeutig (vgl. Lerch 2016). „Interdisziplinäre Kompetenzen" als neu zusammengesetzter Terminus aber scheint nun den Sachverhalt eher zu verkomplizieren als Klarheit herzustellen.

Neben der aus der neugeschöpften Zusammensetzung sich ergebenden semantischen Unschärfe treten noch weitere Aspekte hinzu, die das Erfassen des Begriffs schwierig machen. So besteht eine Herausforderung etwa darin, dass der Terminus in unterschiedlichen Kontexten Anwendung findet. Der Begriff ist in technischen Feldern ebenso geläufig wie in biologischen, künstlerischen, sportlichen oder pädagogischen Kontexten, freilich mit je unterschiedlicher Gewichtung oder Ausrichtung. Dazu kommt, dass das Innere des Begriffs vielschichtig ist. Denn was heißt es, wenn „interdisziplinäre Kompetenzen" nachgefragt sind? Meint es eine bestimmte Ausrichtung bereits bestehender Kompetenzen oder gibt es gar spezifische Einzelkompetenzen, denen ausschließlich die Bezeichnung „interdisziplinär" zukommt?

(Interdisziplinäre) Kompetenzen sind folglich erklärungsbedürftig. Eine Betrachtung kann auf unterschiedlichen Ebenen erfolgen: (1) In *wissenschaftlicher* Perspektive werden sie von unterschiedlichen Disziplinen aufgenommen. Dies führt zu einer bisweilen beliebigen bzw. ungenauen Verwendung, was eine begriffliche Schärfung erfordert. (2) Neben den wissenschaftlichen Diskussionen und Diskursen taucht der Begriff auch in *politischen* und öffentlichen Zusammenhängen zusehends auf. Es scheint notwendig, aber auch erwünscht, dass sich Informationen aus unterschiedlichen Zusammenhängen, Fächern und Denkrichtungen zusammensetzen. Interdisziplinarität nimmt also bewusst oder unbewusst Einzug in Öffentlichkeit und Privatleben. Dies erfordert dann von Seiten der Individuen, dass sie diese Informationen für sich aufbereiten können, d. h. sie benötigen die Fähigkeit, interdisziplinär zu denken. (3) Interdisziplinäre Kompetenz hat daneben *praktische* Auswirkungen: Immer dann, wenn etwa aus unternehmerischer Sicht in Teams oder in Kooperationen gehandelt und gearbeitet wird, hat der Begriff eine zentrale Bedeutung. Akteurinnen und Akteure müssen miteinander in Verbindung treten, sich vernetzen, sich verständigen, eine gemeinsame Sprache finden, um Ideen und Projekte zu realisieren. Kurz: Sie benötigen interdisziplinäre Kompetenzen, zumindest interdisziplinäres Sehen. Mit dem Fokus auf interdisziplinären *Kompetenzen* verweist eine mögliche Lesart von Interdisziplinarität bereits auf ein Miteinander von bestimmten Perspektiven und nimmt daneben besonders die Personen in den Blick, da Kompetenz notwendigerweise an das Subjekt gebunden ist (vgl. Kap. 3.2 Interdisziplinäre Kompetenzen). Zudem ist Kompetenz ein zentraler Baustein in verschiedenen Handlungsfeldern (z. B. Öffentlichkeit, Wissenschaft, Politik, Arbeitsleben, Alltag).

Interdisziplinarität und interdisziplinäre Kompetenzen gewinnen aber auch vor der Annahme, dass Wirklichkeit immer komplexer wird und bestimmte Problemstellungen und Gegenstände nur noch im Verbund von unterschiedlichen Perspektiven und Methoden aus bearbeitet und gelöst werden können, an Bedeutung. Die Nachfrage und damit verbunden die Relevanz interdisziplinären Arbeitens wird zudem durch einen immer rasanter werdenden technischen, wirtschaftlichen und gesellschaftlichen Fortschritt bedingt. Solche Neuerungen sind stets gepaart mit Möglichkeiten und Grenzen, Einschränkungen und Öffnungen. Vor diesem Hintergrund wird deutlich, weswegen diese neuen Kompetenzen gerade jetzt besonders in den Fokus rücken.

Hinzu kommt, dass es nicht nur eine sichtbare Seite von Interdisziplinarität gibt, sondern gewissermaßen ein in den Subjekten selbst liegender Sinn besteht. Diese Form durchdringt jede Person durch Erfahrungen, Sprachformen, Lebenswirklichkeiten usw. Eine solche Verständnisweise von interdisziplinärem Sehen und Wahrnehmen nimmt folglich durch Biographie gewonnene Perspektiven ernst und stellt solche Denkweisen in den Mittelpunkt der Betrachtung. Gewonnene Blickwinkel und neue Einsichten sind in dieser Herangehensweise per se als interdisziplinär zu benennen. Es ist eine Aufgabe des vorliegenden Einführungsbuchs, sich auch dieser Perspektive anzunehmen und ihr nachzugehen. Interdisziplinarität ist in diesem Sinn eine bestimmte übergeordnete Kompetenz, eine spezifische Seh-Weise (vgl. Kap. 3.2 Interdisziplinäre Kompetenzen). Damit wird angezeigt, dass das reflexiv handelnde Subjekt und seine Kompetenzen das vereinende Zentrum der Betrachtung bilden. Zur Annäherung an interdisziplinäre Kompetenzen muss zunächst allgemein und grundlegend auf Interdisziplinarität eingegangen werden.

Zusammenfassung:
- Interdisziplinäre Kompetenzen liegen im Trend.
- Sie haben wissenschaftliche, politisch-öffentliche und praktische Bedeutung.
- Sie bezeichnen unterschiedliche Formen des wissenschaftlichen Austauschs und sind subjektgebunden.

Weiterführende Fragen:
- Welche gesellschaftlichen und politischen Zusammenhänge rufen Interdisziplinarität und interdisziplinäre Kompetenzen Ihrer Meinung nach hervor?
- In welchen Bereichen hatten Sie bereits Kontakt mit Interdisziplinarität?
- Wo können Sie sich eine interdisziplinäre Zusammenarbeit vorstellen oder würden sich diese wünschen?
- Definieren Sie für sich selbst Kompetenzen, die für Sie interdisziplinär sind!
- Überlegen Sie, wie Sie Fachfremden gegenüber Interdisziplinarität ganz einfach und praxisnah erklären könnten.
- Gibt es Unterschiede zwischen den Begriffen „Kooperation", „Zusammenarbeit" und „Austausch"? Arbeiten Sie Gemeinsamkeiten und Unterschiede heraus.

1.2 Spannungsfelder von Interdisziplinarität

Eine begriffliche Schärfung dessen, was unter interdisziplinären Kompetenzen zu verstehen ist, ist neben der Analyse ihrer Tragfähigkeit für Wissenschaft, Empirie und Praxis eine der zentralen Aufgaben des vorliegenden Einführungsbuchs. Ohne hier bereits interdisziplinäre Kompetenzen in ihren begrifflichen und semantischen Besonderheiten (vgl. Kap. 3.1 Interdisziplinarität – Grundlegende Skizzierungen) genauer zu bestimmen, können doch als Rahmung an dieser Stelle zwei Spannungsfelder benannt werden, zwischen denen Interdisziplinarität besteht und die implizit auch im Fortgang des Buchs eine Rolle spielen. Das sind: Wissenschaft und Praxis sowie Disziplin und Person.

1.2.1 Disziplin und Person

Ausgehend vom Wort „Interdisziplinarität" ist zu bemerken, dass es sich nicht nur um ein selbstverständliches Phänomen handelt, sondern dass der Begriff im zeitgeschichtlichen Verlauf und damit verbunden mit den disziplinären Entwicklungen Bedeutungsverschiebungen erfahren hat. Eine historisch-systematische Bestimmung des Begriffs ist aus dem jeweiligen gesellschaftlichen und politischen Rahmen zu betrachten. Solche semantischen Verschiebungen finden sich etwa beim Begriff des Lebenslangen Lernens, des e-learning oder von MOOCS (Massive Open Online Courses). Sozialer, technologischer und sprachlicher Wandel bedingen sich. Und selbst diejenige Person, welche zur Erkenntnis historischer Prozesse diese Trennung vollzieht, muss wissen, dass „die Sprache und ihr Wandel soziale Phänomene sind, was umgekehrt nicht ohne weiteres behauptet werden kann. Denn in jeden sozialen Wandel wirken außersprachliche Faktoren, sogar solche, die sich der sprachlichen Fixierung und Vergewisserung entziehen" (Koselleck 2006, S. 303). Es muss hier bedacht werden, dass jede Analyse gewisse Verläufe und Facetten eines Gegenstands offen legt, die auf vielfältige Weise miteinander verbunden sind (vgl. Tietgens 1985, S. 10; Tietgens 1993, S. 61). Daraus ergibt sich bei jeder Betrachtung das methodische Problem, sich nicht allein an die jeweilige Semantik einzelner Definitionen zu halten und durch Begriffsklärungen und -abgrenzungen den Kern der Begriffe zu beschreiben. Vielmehr müssen *semantische und pragmatische Potentiale* abgetastet werden, um aus unterschiedlichen Verwendungsweisen (auch aus verschiedenen Zeiten und in verschiedenen Disziplinen) die jeweils aktuelle Bedeutung zu erhellen (vgl. Koselleck 2006, S. 311; Koselleck 1979, S. 21). Denn Begriffe sind stets in dazugehörigen Kontexten zu sehen und von diesen umgeben (vgl. Gadamer 1971, S. 18f.). Diese Schwierigkeit soll im folgenden Abschnitt nicht als Fanal, sondern als produktive Chance zur Untersuchung von „Interdisziplinarität" verstanden werden.

In diesem Zusammenhang ist zu bemerken, dass Interdisziplinarität als Phänomen in Wissenschaft und Öffentlichkeit schon länger vorhanden ist, allerdings die Aufmerksamkeit dafür in den letzten Jahren stark zugenommen hat. Disziplinen bilden zwar noch immer das zentrale Element von Wissenschaft, aber sie entwickeln sich, werden mit anderen kombiniert, verändern sich zum Teil, werden ggf. auch als Fach einmal einer anderen Disziplin zugeordnet usw. Ein Beispiel für solche strukturellen Verschiebungen bietet etwa der Studiengang Rhetorik an der Universität Tübingen. Hatte das Fach bis zum 18. Jahrhundert zum Kerngeschäft von Universitäten gehört, so wird es in Anbetracht der Tatsache, dass es noch immer am Lateinischen als Unterrichtssprache festhält, zurückgedrängt. Die Professur für Rhetorik wird 1753 abgeschafft. Erst über 200 Jahre später wird der Lehrstuhl für Rhetorik wiedergegründet (vgl. Sentker 2016). Rhetorik war und ist wichtig; die Kunst der Rede ist es gerade auch heute, da laute Rufe Argumentationen übertönen. Argumente und Aussagen sind wichtige Merkmale echter Auseinandersetzung, von Meinungsbildung, nicht von Meinungsmachen (vgl. u. a. Hufer 2008). Das Subjekt übt sich „in der kritischen Auseinandersetzung mit unterschiedlichen Gegenständen und Wissensbereichen, in Diskussionen, eventuell auch im Streit mit anderen" (Heymann 2006, S. 8). Durch eine gedankliche und tätige Auseinandersetzung kommt es zu einer Schärfung der eigenen Urteilskraft. Diese wird auch durch das Kennenlernen, Akzeptieren oder begründete Ablehnen von Meinungen und Standpunkten gefördert. Rhetorik und Argumentieren sind heute wie damals wichtig und doch sind sie vom zeitgeschichtlichen Kontext, dem Verständnis der jeweiligen Personen oder der Zuordnung zu einer bestimmten Disziplin oder mehreren Disziplinen abhängig. Damit wird kenntlich gemacht, dass bestimmte Studiengänge oder Disziplinen Konjunkturen und Verschiebungen erfahren. Ein Studiengang Rhetorik wandelt sich in seiner disziplinären Zugehörigkeit, seiner inhaltlichen Ausformung oder seiner formalen Struktur im zeitgeschichtlichen Verlauf. Je nach Verständnis ist der Studiengang selbst als interdisziplinär einzustufen oder kann bestimmten Disziplinen (u. a. Sprachwissenschaft, Philosophie) zugeordnet werden. Mag sein, dass es zukünftig nicht nur eine Reihe von interdisziplinär ausgerichteten Studiengängen gibt, sondern vielleicht auch Lehrstühle für interdisziplinäres Arbeiten und Forschen. Allerdings wird dabei zum einen die Frage immer wieder neu zu stellen sein, zu welchem Departement diese dann zugeordnet werden würden. Weitere Versuche dazu werden durch die Kombination zweier Disziplinen in der Denomination angesprochen, z. B.

pädagogische Psychologie oder Medienpädagogik (vgl. Heid 2006 (8) S. 793). Solche Kooperationen garantieren „jedoch noch lange keine Inter-Disziplin oder Interdisziplinarität" (ebd., S. 794); zum anderen würde jede Person aufgrund bestimmter disziplinärer und interdisziplinärer Vorannahmen und Sehweisen (vgl. Kap. 3.2.1 Interdisziplinarität als Denkstil) diese dann anders ausgestalten und mit Inhalt füllen. Disziplin und Person stehen in Beziehung.

Um dies noch einmal auf einen eher strukturellen Aspekt zu beziehen, sei an Umbenennungen von Professuren und Lehrstühlen erinnert. Ob damit stets inhaltliche oder strukturelle Veränderungen einhergehen, ist nicht klar, allerdings werden begriffliche Änderungen vorgenommen. Fortschreitende Differenzierung und Spezialisierung führen nicht zwangsläufig zu erhöhter Eindeutigkeit, sondern können in Widersprüche und Komplexität führen. Das lässt sich in allen möglichen Disziplinen und Fächern beobachten. Etwa dort, wo Umbenennungen von Professuren und Lehrstühlen geschehen, liegt zum Teil eine spezielle Ausrichtung oder ein inhaltlicher Wechsel vor. Mitunter kann es dann ganz bewusst zu Kooperationen und Verflechtungen mit anderen Disziplinen und Fächern kommen, zum Teil aber geschieht das beiläufig. Aus solchen neuen Verbindungen entstehen gewissermaßen neue Fächer oder Teildisziplinen. Häufig gehen damit strukturelle und inhaltliche Entscheidungen einher, manchmal aber bringen die jeweiligen Beteiligten neue Zuschnitte ein und hervor. Personen gestalten Disziplinen und den Austausch zwischen Disziplinen. Ein Beispiel für ein solches von Einzelpersonen erfolgreich initiiertes interdisziplinäres Projekt besteht im „Kochbuch der Gefühle". In diesem Projekt ging es um projektorientiertes interdisziplinäres Arbeiten in der Koch- und Psychologieausbildung. Als Ergebnis entstand ein Kochbuch der Gefühle, das gemeinsam von Psychologiestudierenden und Kochauszubildenden entwickelt wurde. Neben dem Ergebnis war hier der Prozess interdisziplinärer Auseinandersetzung von besonderem Interesse (vgl. Bermeitinger, Flatau & Althaus 2012) (vgl. Kap. 5.).

Wird bei dieser Betrachtung nach Möglichkeiten und Grenzen der Aufnahme bzw. der Verzahnung von fachlichen oder methodischen Ergebnissen zwischen Disziplinen gefragt oder um den Wert der eigenen gegenüber anderen Disziplinen gerungen, so kommt zu diesen noch immer gültigen Diskussionspunkten aktuell eine Neuerung hinzu: Neben der Fachbezogenheit nimmt zusehends die Personenbezogenheit eine wichtige Rolle ein. Damit ist gemeint, dass das Studium explizit danach fragt und teilweise interdisziplinäres Sehen, Wahrnehmen, Denken und Handeln thematisiert; daneben wird Interdisziplinarität in beruflichen, gesellschaftlichen und politischen Feldern immer wichtiger. Interdisziplinarität rückt als eine bestimmte Form des Sehens und des In-der-Welt-Seins in den Mittelpunkt und setzt an der Person mit ihren Fähigkeiten, Fertigkeiten und Kompetenzen an (vgl. Kap. 3.2.1 Interdisziplinarität als Denkstil). Deutlich wird dabei eine Wechselwirkung von Disziplin und Person: Personen machen Wissenschaft und Disziplinen prägen Personen. Dieses Wechselverhältnis ist bei der disziplinären und interdisziplinären Ausbildung (vgl. Kap. 5. Interdisziplinäre Kompetenzen in der Praxis: Fördern und Evaluieren) zu berücksichtigen. Daneben stehen Akteurinnen und Akteure in weiteren Spannungsfeldern, etwa dem von wissenschaftlichem und lebensweltlichem Wissen[1] (vgl. u. a. Meyer-Drawe 1986, S. 506) oder von theoretischer und praktischer Arbeit.

---

1   In jedem Versuch einer Lebensweltkonzeption ist das Vermittlungsproblem insofern enthalten, als Gefahr besteht, dass die Trennung von Wissenschaft und Lebenswelt durch Forschung nicht aufgehoben wird, sondern dass Wissenschaft damit in ihren eigenen Strukturen verhaftet bleibt und die eigentlichen Adressaten von Wissenschaft nicht erreicht werden. Diese Vermittlungsprobleme „ergeben sich […] aus der Konfrontation der Erfahrungen, der Erkenntnisse und des Wissens, mit denen der Mensch in seiner unmittelbaren Existenz lebt und arbeitet und der Wissenschaft, die in direkter oder vermittelter Weise für diese Existenz eine Relevanz beansprucht und besitzt" (Böhme & von Engelhardt 1979, S. 12).

1.2.2 Wissenschaft und Praxis

> „Die Wissenschaft raubt der Welt die Schönheit, denn
> sie sucht die Schwingen der Engel zu beschneiden, die
> Geheimnisse mit Lineal und Lot zu erobern, die Luft
> von den Geistern zu entvölkern und den Regenbogen
> aufzulösen." (John Keats)

Zur weiteren Präzisierung von Interdisziplinarität muss die Ebene von
Wissenschaft und Praxis in den Blick genommen werden. Interdisziplinarität kann in eine (1) wissenschafts- und erkenntnistheoretische sowie in eine (2) praktische Perspektive unterteilt werden:

(1) Der erste Aspekt bezieht sich auf erkenntnistheoretische Fragen, die mit Zugängen zur Wirklichkeit sowie mit Fragen nach Abgrenzung wissenschaftlicher Disziplinen verbunden sind (vgl. Sedmak
2003, S. 8). Z. B.: „Ist die Psychologie eine Geistes- oder eine Naturwissenschaft? Ist die Soziologie eine Geistes- oder Sozialwissenschaft?
Ist die Geographie eine Sozial- oder Naturwissenschaft?" (ebd., S. 9).
Diese Fragen betreffen die Wissenschaft(en) im engeren Sinn. Es können durch Interdisziplinarität neue Disziplinen entstehen oder bestehende Disziplinen sich verändern. Dennoch scheint Interdisziplinarität
ein Phänomen zu sein, das eine gewisse Sogkraft besitzt, das sich aus-
weitet und dem sich Einzelne wie auch Disziplinen kaum noch entziehen können. Es können daraus zwei Fragen abgeleitet werden: Ist vor
dem Hintergrund der vielen Rufe nach Interdisziplinarität das Thema
bereits überbesetzt? Oder bedingt das starke Hineinspielen von alltäglichen, gesellschaftlich relevanten und politisch bedeutsamen Themen
(u. a. Umweltbildung, Flüchtlingsdebatte, Bildungskrisen) das Interesse der Wissenschaft an Interdisziplinarität? Wissenschaft ist eben weder
isoliert zu verstehen noch findet sie in einem abgeschlossenen Den-
kraum statt. Vielmehr ist verstärkt erwünscht und gewollt, dass sich
Wissenschaft auch praxisrelevanten Fragen zuwendet. Wissenschaft
wird also von wissenschaftsimmanenten und -externen Motiven mitbe-
stimmt. Neue Themen und Fragestellungen können vielleicht nur sinnvoll von unterschiedlichen Disziplinen aus bearbeitet und beantwortet
werden. Interdisziplinarität rechtfertigt sich daher durch das Aufwei-

sen von Defiziten und befasst sich mit Lücken (vgl. Kocka 1987, S. 8). Solche Lücken entstehen bisweilen aus zu engen disziplinären Herangehensweisen. Die Komplexität mancher Gegenstände erfordert geradezu die Bearbeitung aus unterschiedlichen Perspektiven und ggf. mit gemeinsam entwickelten Werkzeugen. Diese können theoretische oder praktische Wurzeln und Bezüge haben.

(2) Die zweite Perspektive betrifft Vorgehensweisen, Arbeitsweisen und Methoden. „Wie ist vorzugehen, wenn interdisziplinär gearbeitet werden soll? Gibt es eine interdisziplinäre Methode?" (Sedmak 2003, S. 10).[2]

Interdisziplinarität beeinflusst und verändert disziplinäre Vorgehensweisen in Wissenschaft und Praxis (vgl. Kocka 1987, S. 8). Zahlreiche Beiträge betonen Herausforderungen interdisziplinärer Forschung, u. a. Sprachschwierigkeiten, Kooperationsfähigkeit unterschiedlicher Disziplinen oder Mangel an umklammernder Wissenschaftstheorie. Dennoch werden immer wieder positive Faktoren der Interdisziplinarität hervorgehoben. Sie dient u. a. zur wissenschaftlichen Lösung vieler praktischer Probleme oder trägt zu wissenschaftlichem Fortschritte bei. Interdisziplinarität steigert das Wahrnehmungsvermögen disziplinären Arbeitens sowie die Sensibilität gegenüber den Grenzen disziplinärer Zuständigkeit. Sie dient der Selbstreflexion und der Selbstkontrolle der wissenschaftlichen technischen Welt. Mit einem Blick in Selbstbeschreibungen interdisziplinärer Forschungsgruppen und deren Berichte über Erfahrungen (Enttäuschungen und Erfolge) kann allgemein festgehalten werden, dass interdisziplinäre Kooperationen (je nach Thema, Machbarkeit usw.) häufig zwar als anstrengend, aber doch gewinnbringend beschrieben werden (vgl. Kocka 1987, S. 9f.; Schier & Schwinger 2014).

---

2   Da das vorliegende Einführungsbuch sich mit interdisziplinären Kompetenzen befasst, wird an dieser Stelle nicht weiter auf wissenschafts- und erkenntnistheoretische Grundlagen (siehe Fleck 1936, Hug 2001, Kron 1999) eingegangen, sondern stattdessen werden Implikationen für die Praxis näher betrachtet (vgl. bes. Kap. 5. Interdisziplinäre Kompetenzen in der Praxis: Fördern und Evaluieren u. Kap. 6. Interdisziplinäre Kompetenzen als Herausforderung für Lehrende, Lernende und Organisationen).

Um interdisziplinäres Denken und Arbeiten zu unterstützen, ist es notwendig, sowohl in Forschung als auch in Praxis besondere Vorkehrungen, Anreize und Ressourcen zu schaffen. Es muss dabei berücksichtigt werden, dass Interdisziplinarität nicht nur positiv zu sehen ist, sondern dass ein solcher Zugang thematisch, personell oder strukturell Sinn machen muss. Insofern ist es wichtig zu unterscheiden, ob Interdisziplinarität einfach in Ausschreibungen und Arbeitsformen als Label benutzt wird oder ob damit tatsächlich gearbeitet wird.

Zusammenfassung:

- Disziplin und Person stehen in Wechselwirkung zueinander.
- Personelle Veränderungen bedingen (neue) inhaltliche Perspektiven.
- Inhalte wirken sich auf Disziplinen aus.
- Durch steigende Komplexität (z. B. von Problemstellungen) deckt Interdisziplinarität Lücken einzelner Disziplinen auf und versucht sie durch verschiedene Perspektiven zu schließen.
- Interdisziplinarität in der Wissenschaft kann übergreifende Lösungen und Anreize zur Selbstreflexion bieten.
- Interdisziplinarität ist anstrengend und gewinnbringend zugleich (u. a. in Projektarbeit).

Weiterführende Fragen:

- Wie verorten Sie sich selbst im Spannungsfeld von Disziplin und Person?
- Welcher Disziplin/welchen Disziplinen fühlen Sie sich zugehörig?
- Gibt es in Ihrem Fach/Ihrer Disziplin/Ihrem Tätigkeitsbereich Konjunkturen? Wie würden Sie diese beschreiben? Wie gehen Sie mit diesen um?

1.3 Gesellschaftliche Veränderungen und interdisziplinäre Kommunikation

Neben diesen wissenschaftlichen Veränderungen ist Interdisziplinarität stets eingebunden in ein komplexes Geflecht aus individuellen, kollektiven, organisatorischen sowie gesellschaftlichen und politischen Gegebenheiten.

Die Veränderungen, welche sowohl mit dem Lebenslangen Lernen als auch mit den Veränderungen der Erwerbsarbeit verbunden sind, haben Auswirkungen auf Interdisziplinarität. So muss verstärkt projektbezogen gearbeitet, in Teams kooperiert oder sich immer wieder auf neue Herausforderungen eingestellt werden. Beispielsweise besteht heutzutage angesichts einer immer höheren Spezialisierung die Notwendigkeit, Inhalte in andere (Wissenschafts-)Sprachen zu transferieren oder verstehbar zu machen, zumindest dort, wo es erwünscht ist oder wo gemeinsame Arbeit und gemeinsames Denken angestrebt werden. Dies freilich ist von den Akteurinnen und Akteuren nicht immer umsetzbar, denn zum einen lassen sich bestimmte Aspekte eines Fachs aufgrund der hohen Abstraktheit und Spezialisierung kaum anders erklären als in der jeweiligen Fachsprache (u. a. Teilchenbeschleuniger, zypriotische Kriege, Klangkunst); zum anderen fehlt teilweise die Bereitschaft oder die Fähigkeit, diese „Übersetzungsversuche" zu unternehmen. Grund hierfür ist eine bestimmte Fachkultur, welche in einen bestimmten Habitus merklich übergegangen ist, der aufgrund von beruflicher Sozialisation und beruflichem Umfeld kaum noch hinterfragt wird (u. a. pädagogische Berufe, die kaum mit anderen Berufen in Austausch treten). Dort, wo es erwünscht ist, Fragestellungen in einen öffentlichen Diskurs hineinzubringen oder dort, wo es sinnvoll ist, Themen mit anderen wissenschaftlichen Perspektiven und Zugriffen zu diskutieren, sind interdisziplinäre Kompetenzen notwendig. Solche Kompetenzen (vgl. Kap. 3.3 Zusammenfassung) sind an die jeweiligen Personen gebunden. Die Handelnden selbst aber stehen stets in wissenschaftlichen, alltäglichen, praktischen oder politischen Kontexten. Daher muss der Kontext als Größe in doppelter Weise berücksichtigt werden: Als Rahmen für individuelle Kompetenzen und als Rahmen von Disziplinen. Ein Definitionsversuch von Interdisziplinarität „beschreibt [in einem ersten Zugriff, SL] eine wissenschaftliche Praxis, an der mehr als eine Disziplin beteiligt ist; das Ziel interdisziplinärer Praxis ist die disziplinübergreifende Bewältigung wissenschaftlicher Probleme" (Feichtinger et al. 2004, S. 13). Solche wissenschaftlichen Fragen können in die Gesellschaft hineinwirken, aus öffentlichen Anliegen gewonnen oder als Antwort auf eine zunehmende Spezialisierung in der Wissenschaft verstanden werden. Aber nicht nur der wissenschaftliche Bereich hat sich spezialisiert, sondern auch gesellschaftliche Prozesse sind komplexer geworden. Dies erfordert von einzelnen Menschen die Fähigkeit bzw. die Kompetenz, sich mit diesen Herausforderungen zu arrangieren, sie zu verstehen, sie durchaus kritisch zu reflektieren oder mit ihnen umzugehen. Neben globalen und digitalen spielen hier politische Veränderungen eine wesentliche Rolle. Der Einzelne wird dabei zunehmend für das eigene Handeln beziehungsweise die Unterlassungen der Handlung verantwortlich gemacht. Um einige gesellschaftliche Veränderungen sichtbar zu machen, werden im Folgenden drei bedeutende Entwicklungen skizziert: Lebenslanges Lernen, neue Arbeitsformen und Beschleunigung.

1.3.1 Lebenslanges Lernen

Lebenslanges Lernen ist in (bildungs-)politischen, wirtschaftlichen und öffentlichen Diskursen selbstverständlich geworden. Die Etablierung des Lebenslangen Lernens hängt mit der Digitalisierung der Gesellschaft, der Verfügbarkeit von Wissen und der permanenten Erreichbarkeit des Menschen an allen Orten und zu allen Zeiten sowie mit der Flexibilisierung von Lebensläufen und der Arbeitswelt zusammen. Dabei steht die Annahme im Hintergrund, dass Wissen als zentrale Ressource von jedem Menschen erlangt werden kann. Unabhängig von materiellen, sozialen oder anderen Ungleichheiten gilt Wissen (und in der Folge auch Kompetenz) in Wissensgesellschaften als Währung, die es zu erreichen gilt. Lebenslanges Lernen wird damit privat, beruflich und gesellschaftlich selbstverständlich. Es wird zu einer scheinbar unhinterfragbaren, positiv besetzten Größe im wissenschaftlichen, politischen und öffentlichen Raum. Lebenslanges Lernen als Merkmal der Aufwertung dcs Lernens im Alter, von informellen gegenüber formel-

len Lernprozessen oder als Moment zur Aufwertung von bildungs-
benachteiligten Personen ist dabei positiv zu sehen. Es beinhaltet zugleich aber eine Appellfunktion, welche den einzelnen Lernenden in
die Pflicht nimmt. Damit wird das Subjekt nicht nur veranlasst, permanent weiter zu lernen, sondern zum Teil bestimmte Inhalte zu lernen (die nicht eigens gesetzte Inhalte sind) (vgl. Lerch 2010, S. 113).
Der Mensch muss sich optimieren und wird angehalten, insbesondere für eine Verwertbarkeit am Arbeitsmarkt zu lernen. Neben den größeren Kritiken am Lebenslangen Lernen als Institutionenkritik, Kultur-
kritik und pädagogisch-politischer Kritik (vgl. Hof 2009, S. 118f.) sind
hier zwei Positionen offengelegt: Lernen wird als Norm von außen gesetzt und die Inhalte werden teilweise nicht von den Individuen selbst,
sondern von ökonomischen oder politischen Diskursen bestimmt. Beide, Lernen als Norm und die inhaltliche Konnotation, nehmen direkt
Einfluss auf das Subjekt, zu denen es sich dann denkend und handelnd
verhalten muss. Zugleich beinhaltet Lernen auch etwas Schönes: Subjekte müssen und sollen nicht nur lernen, sondern sie können und
dürfen lernen. Diese Ausrichtung ist aber im Kontext Lebenslangen
Lernens zurückgedrängt, wenngleich damit doch eine wiedergewon-
nene Freiheit zum Lernen angezeigt werden könnte. Sie bestünde in
selbst gewählten Lerninhalten und -zeiten, aber auch in bewussten Entscheidungen zum Nicht-Lernen. Lernen würde sich stärker an den Interessen und Bedürfnissen von Subjekten selbst orientieren und weniger an Märkten. Damit würde die bewusste Form von Lebensgestaltung
durch Lernen, die Lebenskunst, in den Fokus rücken. Das Material dieser Gestaltung ist das je eigene Leben, so wie es gelebt wird. Aus einer
Objektkunst wird so eine Subjektkunst, wobei diese Trennung nur mit
Einschränkung gilt, weil jede Arbeit eines Individuums an einem Objekt bereits Folgen für das Selbst hat (vgl. Knoll 2007, S. 18). Lebenskunst ist die fortwährende Arbeit der Gestaltung des eigenen Lebens.
Soziale Strukturen bedingen Bedeutungen für die eigene Lebensgestaltung, zugleich gestalten Individuen die gesellschaftlichen und gemein-
schaftlichen Gegebenheiten mit (vgl. Lerch 2010, S. 142).

Unabhängig davon, ob Lernen von außen gesetzt oder vom Individuum selbst bestimmt wird, und unabhängig davon, ob – sofern es heute
überhaupt sinnvoll, möglich und zulässig ist, diese Gegenüberstellung

aufrechtzuhalten – für das Leben oder für die Erwerbsarbeit gelernt wird, ergeben sich daraus Konsequenzen für Interdisziplinarität. Denn sowohl die Berufs- als auch die Lebens- und Alltagswelt wird zunehmend komplexer, wird (digital und „real") vernetzter und erfordert von Menschen einen bewussten Umgang mit wissensbasiertem Leben, Lernen und Arbeiten. Die neu gewonnenen virtuellen Freiheiten erfordern die Sorge um sich als Reflexion von hieraus erwachsenden individuellen Chancen und Grenzen. Daneben wird der vorhandene Raum immer vielschichtiger, was beispielsweise daran sichtbar wird, dass Leben und Arbeit an unterschiedlichen Orten, das Pflegen von Freundschaften über Ländergrenzen hinweg, das Arbeiten mit Kolleginnen und Kollegen an verteilten Orten usw. selbstverständlich ist und wird. Für Einzelne beinhaltet dies Möglichkeiten veränderter und reichhaltiger Lebensgestaltung, zugleich aber das Risiko des Scheiterns in dieser komplexen Welt, zumindest die Notwendigkeit, sich mit diesen Anforderungen auseinanderzusetzen und sie bewusst zu gestalten. Dazu wird Lernen und in der Folge (interdisziplinäre) Kompetenzentwicklung erforderlich. Denn sowohl in der privaten als auch der beruflichen Welt nehmen Begriffe, Methoden, Denkansätze oder technische Innovationen Einzug, die von unterschiedlichen Disziplinen aus angereichert sind. Um diese zu verstehen und dann mit diesen zu handeln, sind überfachliche, interdisziplinäre Kompetenzen erforderlich.

1.3.2 Neue Arbeitsformen

Im beruflichen Bereich sind zahlreiche Veränderungen der Arbeit festzustellen. Arbeitssoziologischer Sammelbegriff dafür ist die Subjektivierung von Arbeit. Letztere meint formal ein stärkeres Ineinandergreifen von Subjekt und Arbeit (vgl. Kleemann, Matuschek & Voß 1999, S. 12f.). Dies beinhaltet zwei Seiten: Zum einen sehen sich Betriebe angesichts einer veränderten Marktlage vor der Notwendigkeit, weitere Ressourcen von Mitarbeitenden zu erschließen. Hierzu zählen bisher weniger berücksichtigte Potentiale, u. a. Selbstkompetenzen (vgl. Lerch 2016), die etwa durch verstärkte Team- oder Projektarbeit gewonnen werden können, was idealerweise dazu führt, dass sich der Einzelne stärker einbringt; zum anderen wollen sich Arbeitende selbst verstärkt im Prozess und im Ergebnis der Arbeit verwirklichen, um damit (scheinbar) mehr als bloßes Objekt der Arbeit zu sein. Sie erhöhen die subjektiven Anteile, fördern aber damit neben ihren eigenen Interessen und Absichten unternehmerische Ziele. Die Subjektivierung von Arbeit beinhaltet folglich stets gegenüberstehende Pole: eine individuelle und eine betriebliche, eine negative und eine positive, eine sichtbare und eine unterschwellige.

Für den beruflichen Bereich nimmt die Bedeutung von Projekten zu. Sie ersetzen „das Prinzip arbeitsteiliger Spezialisierung durch temporäre Teambildung. Projektarbeiter sind Spezialisten für ein bestimmtes Projekt, innerhalb ihres Projekts dagegen sind sie – zumindest bis zu einem gewissen Grade – Generalisten" (Bröckling 2007, S. 256). Damit kommt interdisziplinären Kompetenzen eine gesteigerte Bedeutung zu, etwa nimmt kontextsensitive Kommunikationsfähigkeit auf allen Ebenen zu. Für das Segment Wissenschaft gilt Projektarbeit als besonders ertragreich und befördert sogar Projektarbeiter als eigenen Typ. „Die Notwendigkeit, seine Forschungen als Projekt auszuweisen und immer neue Projekte zu akquirieren, treibt eigene Semantiken, Sozialcharaktere und Ereignistypen hervor, die einer sozialwissenschaftlichen Beschreibung noch harren." (ebd., S. 250) Solche Typen werden aber nicht nur in wissenschaftlichen Segmenten, sondern auch von Personalverantwortlichen unterschiedlicher Branchen nachgefragt und teilweise bereits in der Ausbildung gefördert.

Neben dem beruflichen Bereich wird das Leben selbst von Projekten durchzogen. Alles wird irgendwie zum Projekt. Bisweilen hat es gar den Anschein, als ob der Mensch nicht mehr zu sich kommen oder bei sich bleiben darf, denn das nächste Projekt muss verfolgt werden. Man könnte gar einen bekannten Ausspruch umdrehen und formulieren: Wer glaubt, etwas zu werden, hört auf, etwas zu sein. Der Mensch gestaltet sein Leben nach möglichen Zukünften, die vielleicht oder vielleicht nie eintreten. Freilich beinhaltet dieser unabschließbare Zeitaspekt auch Potential für interdisziplinäre Kompetenzen, denn der Einzelne lernt möglicherweise, eigenverantwortlich zu sein, was dann wiederum dem Spektrum interdisziplinären Handelns zu Gute kommt. Dabei wird das Projekt verstanden als „eine spezifische Form, die

Wirklichkeit zu organisieren – ein Rationalitätsschema, ein Bündel von Technologien, schließlich ein Modus des Verhältnisses zu sich selbst" (ebd., S. 250). Das Selbst verändert sich und wird verändert: „Da dieses Projekt Ich sich selbst wiederum aus vielfältigen Arbeits-, Beziehungs-, Freizeit-, Gesundheitsprojekten usw. zusammensetzt, avanciert seine Selbstführung zum Management des individuellen ‚Projektportfolios'" (ebd., S. 279). Dieser Typus könnte dann nicht mehr bloß als Projektmitarbeitender, sondern gar als Projektmensch bezeichnet werden. Ein solcher ist in der Lage, immer wieder in neuen Kontexten zu funktionieren und sich einzusetzen. Damit aber ist er immer weniger bei sich, vielmehr bei anderen. Selbstbezüglichkeit wird weniger bei sich zu finden sein, als vielmehr wird das Selbst als Netz begriffen (vgl. Lerch 2016, S. 246f.): Nachgefragt werden Personen, die sich voll für das Unternehmen einsetzen. Der Projektarbeiter „ist polyvalent, wechselt problemlos seinen Tätigkeitsbereich beziehungsweise seine Instrumente je nach Art der Beziehungen, die er mit anderen Personen oder mit Objekten unterhält" (Boltanski & Chiapello 2006, S. 158). Projektmitarbeitende verfügen über hohe kommunikative Fähigkeiten, sind idealerweise eigeninitiativ und kontaktfreudig. Sie passen sich auch aktiv an. Das Leben im Rhythmus der Projektzyklen verlangt und befördert einen Persönlichkeitstypus, der sich unabhängig macht von Strukturen und Gewohnheiten. Projektmitarbeitende in Lebens- und Arbeitszusammenhängen sind nachgefragter denn je. Zeit- und Raumstrukturen begünstigen diese Formen des Lebens und Arbeitens, Geschwindigkeiten der eigenen Bewegungen nehmen zu, die äußere Welt verändert sich rasant, Wissen ist zu allen Zeiten an allen Orten verfügbar, die Komplexität der Wirklichkeit nimmt zu. Das bedarf Bildung. Je nach Vorhaben, eigener Ausrichtung und Anforderungen erfordert es aber auch Kompetenzen, manchmal solche, die interdisziplinär sein können.

Diese veränderten Arbeitsformen (Subjektivierung von Arbeit, Projektarbeit) sowie das Ineinandergreifen von Leben und Arbeit können im Hinblick auf Interdisziplinarität von zeitlich befristeten oder inhaltlich engen Projekten bis hin zu langfristigen Kooperationen reichen. So existieren regionale Verbünde oder Netzwerke über Organisationen und Institutionen hinweg (vgl. Kap. 6. Interdisziplinäre Kompetenzen als Herausforderung für Lehrende, Lernende und Organisationen). Neben diesen strukturellen Aspekten ergeben sich konkrete Veränderungen:

> „Unter dem Gesichtspunkt der *Organisation* von Forschung und insbesondere auch von Lehr-Lern-Prozessen gibt es auf der Mikroebene Kooperationen in Projekten und entsprechenden Lehr-Lern-Organisationen (Projektmethode, Fallmethode, Planspiel...); auf der Makroebene sind formelle (Max-Planck-Institute, Zentrum für interdisziplinäre Forschung Bielefeld, Interdisziplinäre Forschungsstelle für anthropologische und soziokulturelle Probleme der Wissenschaften an der Universität München, Paulus-Gesellschaft, Görres-Gesellschaft, aber auch ‚Zentrale Einrichtungen' einzelner Hochschulen) und zahllose informelle Organisationseinheiten (insbesondere die schon erwähnten Symposien) anzusiedeln." (Heid 2006 (8), S. 793)

Sich verändernde Arbeitsformen haben folglich nicht nur Auswirkungen auf den Einzelnen, sondern auch auf Institutionen und Organisationen, deren strukturelle und inhaltliche Ausrichtung. Für beide, Organisation und Person, sind die Digitalisierung, Globalisierung oder die rasche und permanente Verfügbarkeit der Mittel wichtig, die alle unter dem Begriff der Beschleunigung gebündelt werden können. Neue, teilweise digitale Arbeitsformen erfordern eine hohe Flexibilität der Individuen und interdisziplinäre Kompetenzen (u. a. in der Arbeit in Teams).

1.3.3 Beschleunigung

Die genannten Entwicklungen sind eingebettet in eine generelle Diagnose moderner Lebens- und Arbeitswelt: Beschleunigung. Neben Globalisierung, Individualisierung und Digitalisierung (vgl. Steinmaurer 2016) führen die permanente Mobilität und Verfügbarkeit des Menschen zu allen Zeiten an allen Orten zu einer hohen Anforderung, mit diesen Neuerungen umzugehen. Je nach Lesart beinhaltet das Chancen und Grenzen für die Freiheit zur individuellen Lebensgestaltung, aber auch Notwendigkeiten für den Umgang mit der Arbeitsgestaltung. Nicht immer kann das bewusst und individuell entschieden werden. Nicht nur, dass nicht immer alle erforderlichen Kompetenzen vorhanden sind oder die jeweiligen Rahmenbedingungen nicht vollständig in den Blick genommen werden können, sondern auch, weil bestimmte Einzelphänomene von unterschiedlichen Perspektiven aus betrachtet werden müssten oder bereits von unterschiedlichen Disziplinen aus entworfen worden sind, wird eine Vielfalt an Perspektiven und eine Verzahnung von Disziplinen immer notwendiger.

Hierzu ein Beispiel: digitale Spielkultur. Überlegt man, welche Disziplinen und Fächer an der Entwicklung solcher „Welten" beteiligt sind, dann reicht das Spektrum von angewandter Informatik über Design bis hin zu Marketing. Bei der Beschreibung wird deutlich, dass hier nicht zwingend unterschiedliche Disziplinen beteiligt sind, denn Design als Studiengang selbst ist vielleicht eher ein Fach und als solches dabei noch von anderen Fächern in sich gespeist. Es wird jedoch rasch sichtbar, dass sehr unterschiedliche Perspektiven, Methoden und Themen vorhanden sind, um das Feld „digitale Spielkultur" zu fassen. Bedenkt man weiter, welche Fragestellungen und Probleme durch das Thema ausgelöst werden, dann kommen sowohl sozialwissenschaftliche Zugänge, aber auch psychologische und medizinische Perspektiven hinzu. So könnte eine Einbettung von virtuellen Welten in reale Kontexte soziologisch thematisiert, zugleich die Zunahme von psychiatrischen Krankheitsbildern durch digitale Spiele betrachtet werden.

Eine Folge für Individuen könnte eine grundlegende Orientierungskompetenz sein. *Bildung* wäre somit erforderlich, um sich mit Inhalten und Strukturen (kritisch) auseinanderzusetzen und sich zu den Anforderungen schließlich nicht nur zu verhalten, sondern diese mitzugestalten oder darin aktiv zu handeln. Angesichts der Komplexität und der raschen Entwicklungen scheint es kaum noch möglich, mit der Geschwindigkeit mitzuhalten. Nicht von ungefähr wird der Mensch angehalten, lebenslang zu lernen, non-stop zu lernen. Es wird deutlich, dass es damit vor allem darum geht, durchzuhalten und von einem Projekt, einer Tätigkeit zur nächsten zu gehen. Um sich zu orientieren, sich zu bilden, müssten auch Möglichkeiten einer sinnerfüllten Gestaltung von Lebens- und Arbeitswelt in eigene Überlegungen und Entscheidungen einbezogen werden. Ob zur Bewältigung und Gestaltung dieser Anforderungen interdisziplinäre Kompetenzen erforderlich sind, hängt vom Einzelfall und der jeweiligen Person ab, sicher aber scheint, dass Beschleunigung als gesellschaftliche Diagnose Interdiszi-plinarität bedingt.

Zusammenfassung:
- Lebenslanges Lernen ist eine Chance zur Bewältigung komplexer Lebensanforderungen.
- Es beinhaltet zugleich die Gefahr der Vorgabe von Normen und Inhalten (Lebenslanges Lernen als Appell und mit ökonomischer Ausrichtung).
- Beschleunigung gilt als wesentlicher Faktor moderner Lebens-welten.
- Beschleunigung hat Auswirkungen auf Interdisziplinarität.

Weiterführende Fragen:
- Welche Zusammenhänge lassen sich zwischen Lebenslangem Lernen und Interdisziplinarität erkennen?
- Was bedeutet für Sie ganz individuell „Lebenslanges Lernen"?
- Auf welche Weise erfahren Sie selbst in Leben und Arbeit Be-schleunigung?

1.4 Zusammenfassung

Neben den skizzierten Veränderungen der Lebens- und Arbeitswelt (u. a. Beschleunigung, Projektarbeit) von Individuen können noch eine Reihe anderer sozialer oder politischer Neuerungen genannt werden, die interdisziplinäre Kompetenzen erforderlich machen. Solche sind das intensivierte Leben, Lernen und Arbeiten in realen und digitalen Netzen, permanente Erreichbarkeit oder ständige Verfügbarkeit von Wissen und Information. Diese greifen in die Wirklichkeit der Men-schen ein. Daneben, und das hängt z. B. im Hinblick auf Wissen mit diesen zusammen, verschieben sich die Grenzen von Wissenschaft und Praxis, Wissenschaft und Politik sowie von Disziplin zu Disziplin. Un-terschiedliche Akteurinnen und Akteure beteiligen sich an der Gene-rierung und Bereitstellung von Informationen. Das erfordert sowohl von den Handelnden eine gewisse Fähigkeit zum interdisziplinären

Austausch und zur Datenaufbereitung für ein breites (Fach-)Publikum als auch von den Nutzenden eine Fähigkeit, die gebotene Informationsdichte zu filtern und zu differenzieren. Interdisziplinäre Kompetenzen werden aktiv und passiv auf mehreren Ebenen bedeutungsvoll.

2. Interdisziplinäre Kompetenzen: Wissenschaftliches oder politisches Programm?

Im zweiten Kapitel wird herausgearbeitet, dass das Thema „interdisziplinäre Kompetenzen" sowohl in den Wissenschaften als auch in der Politik Einzug genommen hat. Dabei wird es insbesondere um das Nachzeichnen von Annahmen interdisziplinärer Arbeit und Forschung gehen, die im wissenschaftlichen bzw. im politischen Diskurs vorherrschen. In einem ersten Schritt werden wissenschaftliche Argumente für interdisziplinäres Forschen und Arbeiten beschrieben (vgl. Kap. 2.1 Wissenschaftliche Begründungen für interdisziplinäres Forschen und Arbeiten), in einem zweiten Schritt werden (hochschul-)politische Argumente skizziert (vgl. Kap. 2.2 (Hochschul-)Politische Begründungen für Interdisziplinarität), in einem dritten Schritt wird auf aktuelle Entwicklungen (DQR, EQR) im Hinblick auf interdisziplinäre Kompetenzen (vgl. Kap. 2.3 Bildungspolitische Entwicklungen und ihre Reichweite für interdisziplinäre Kompetenzen) eingegangen, ehe eine Bilanz gezogen wird (vgl. Kap. 2.4 Fazit: Komplexität und Innovation).

2.1 Wissenschaftliche Begründungen für interdisziplinäres Forschen und Arbeiten

In manchen Einführungsbüchern zu Interdisziplinarität bekommt der Leser den Eindruck, die Komplexität des Themas würde absichtlich reduziert. So wird Interdisziplinarität als wichtiges Phänomen beschrieben, das in verschiedenen Disziplinen vorkommt und bearbeitet wird. Auf die Klärung der Frage, ob sie einer bestimmten Disziplin besonders nahesteht, oder auf eine Antwort auf die Frage, was der Begriff eigentlich meint, wird eher verzichtet.

> „Interdisziplinarität stellt sich entsprechend in einer sehr verbreiteten Form schlicht dadurch her, dass höchst heterogene theoretische Perspektiven auf Tagungen und in Sammelbänden additiv, d. h. unter Verzicht auf den Versuch einer systematischen Integration, zusammengefügt werden." (Scherr 2009, S. 323)

Dieser bloß hilfsdisziplinäre Charakter soll hier nicht weitergeführt werden. Daher lohnt eine nähere Betrachtung von wissenschaftlichen Begründungen für Interdisziplinarität. Dabei soll berücsichtigt werden, dass manche Problemstellungen derart komplex sind, dass sie nur durch einen multidisziplinären Zugang, unterschiedliche Perspektiven, Methoden usw. bearbeitet werden können (wobei darauf geachtet werden muss, dass jede Disziplin über eigene Methoden, Gegenstände, Interessen usw. verfügt). Neben dem Argument des Sachzwangs für interdisziplinäres Arbeiten gibt es noch das Argument der Innovation, das immer wieder vorgebracht wird: Es wird angenommen, dass in einem Disziplingrenzen überschreitenden Zugang ein kreatives Potential bestehen würde.

Daneben sind Impulse für Themen, Arbeitsformen und Disziplinen denkbar. Durch das Verwobensein unterschiedlicher Disziplinen könnte eine immer wieder zu findende Kritik an Einzelwissenschaften zurückgedrängt werden: Eine Bemängelung besteht darin, dass Disziplinen zu isoliert seien und eine Differenzierung nicht aus sich begründbar wäre (vgl. u. a. Heid 2006, S. 787). Diese These stützt Heid damit, dass Bewusstsein sich durch die Außenwelt konstituiert und somit der Mensch die Forschung beeinflusst. Durch den Wandel der Praxis wird ein Wandel der Wissenschaft erforderlich (vgl. ebd., S. 788). Mit zunehmender Spezialisierung einzelwissenschaftlicher Forschung kann es zur Entfremdung der Probleme in der Praxis kommen, weshalb sich neue Disziplinen entwickeln müssen (vgl. ebd., S. 794). Ein weiterer Kritikpunkt liegt darin, dass Interdisziplinarität zumeist nur unter einem bestimmten Aspekt einer Disziplin betrachtet wird. Dies kann am Beispiel der Erziehungswissenschaft verdeutlicht werden. So kann etwa Lernen in der Pädagogik ganz unterschiedliche Querverbindungen und Verweisungen zu anderen Disziplinen beinhalten, zumeist aber wird ein bestimmter Aspekt oder eine bestimmte Teildisziplin aufgenommen. So können etwa je nach Frage, eigenem Interesse oder eigener Einschätzung Bezüge von Lernen zur Neurowissenschaft, zur Psychologie, zur Sportwissenschaft oder zur Soziologie hergestellt werden.

An zentralen Einzelaspekten (u. a. Macht und Bildung, Bio-Enhancement) können interdisziplinäre Verflechtungen aufgezeigt werden. Ihnen liegen Erfahrungen, Denkstile und Denkweisen zugrunde, die das Mit- und Gegeneinander von Disziplinen als Kulminationspunkt augenscheinlich zeigen. Helmut Heid folgend wird an einzelnen Momenten und Ideen die Vielfalt der *Formen von Interdisziplinarität* sichtbar. Es wird zugleich deutlich, inwieweit und auf welche Weise Interdisziplinarität im Feld der Wissenschaft Anwendung finden kann. Die Formen reichen von temporären Kooperationen mit mehr oder weniger klarer Ergebnisorientierung über regionales Zusammenarbeiten, den Austausch von Organisationen bis hin zu konkreten Lehr-Lern-Prozessen (Meta- und Mikroebene), begrifflichen Ausformungen wie Bindestrich-Wissenschaften oder Integrationswissenschaften (z. B. pädagogische Anthropologie oder Medienpädagogik) (vgl. ebd., S. 794). Solche Formen der Interdisziplinarität existieren.

Neben einer disziplinären Relevanz taucht Interdisziplinarität in wissenschaftlichen Begründungen auch als Ergänzung zu Einzelwissenschaften auf, etwa um Qualität und Fortschritt der Wissenschaft zu wahren. Hier kann kritisch die Frage gestellt werden: Bringt die Ergänzung der Interdisziplinarität wirklich Vorteile oder beeinträchtigt sie Einzelwissenschaften? Beispielhaft kann an die Biologie gedacht werden, die mit der Sportwissenschaft bestimmte Teilaspekte des menschlichen Organismus betrachtet, oder die Theaterwissenschaft, die mit der Soziologie zu Aspekten von Auftritten in öffentlichen Räumen forscht usw. Solchen Kooperationen liegen bisweilen politische Motive zugrunde (vgl. Kap. 2.2 (Hochschul-)Politische Begründungen für Interdisziplinarität), jedoch existieren auch gesellschaftliche oder wissenschaftliche Begründungen. So wird durch eine Hinzunahme mehrerer Perspektiven eine erhöhte Dichte und ein hoher Gehalt an Informationen erwartet.

Gleichzeitig kann dies für eine notwendige Spezialisierung gelten: Es besteht ein gesellschaftlicher Bedarf, präzise, zuverlässige, technologisch relevante Informationen zur Steigerung der Effektivität (Gewinnung, Verbreitung, Verwertung von Forschungsergebnissen) zu erhalten. Ein Anstieg von Informationen setzt voraus, dass eine Fähigkeit zur Selektion und Gewichtung bei den teilnehmenden Akteurinnen und Akteuren vorhanden ist, sie nicht nur spezialisiert oder umfassend gebildet sind, sondern in der Lage sind, Dinge miteinander zu verbinden, zu differenzieren oder auch neue Wege und Vernetzungen herzustellen. Wissenschaft soll öffentlich wahrgenommen und wirksam werden. Damit wird sichtbar, dass Wissenschaft heute eben nicht mehr nur abgeschieden und für sich betrieben wird, sondern dass Wissenschaft sich zunehmend verändert: Neben dem Einmischen von Wissenschaft in Öffentlichkeit und umgekehrt ist hier auch das Verschieben disziplinärer Grenzen zu nennen. Die Frage der Spezialisierung von Wissenschaft bleibt zwar bestehen, verändert sich aber. Noch immer macht es einen Unterschied im Hinblick auf Generalisierung und Spezialisierung, ob fachverwandte Wissenschaftlerinnen und Wissenschaftler miteinander kooperieren oder ob Kooperation über disziplinäre Grenzen hinweg geschieht, ob empirische und hermeneutische Zugänge miteinander verbunden werden und ob eher normativ oder deskriptiv argumentiert wird. Trennung und Unterscheidung sind zentrale Aspekte von Disziplinarität und Interdisziplinarität. Mit ihnen wird versucht, (heuristische) Markierungslinien für Theorie, Empirie, Praxis und Politik zu ziehen.

Eine derartige Unterscheidung liegt auch im Hinblick auf Interdisziplinarität und Einzelwissenschaften vor. Heid fokussiert hier zwei Positionen, die im Folgenden vorgestellt werden sollen, weil damit Möglichkeiten und Grenzen interdisziplinärer Forschung sichtbar werden:

1) Zum einen kann in Grenzüberschreitungen oder in Verschiebungen von bis dato geltenden Grenzen oder Wissenschaftstransformationen ein Verlust der Einheit von Wissenschaft gesehen werden. Dies korrespondiert damit, dass Grenzüberschreitungen von Fachwissenschaften bisweilen als unseriös gelten. Unterstellt wird damit ein Qualitätsverlust: Interdisziplinarität sei schwer einzulösen, da „jede der beteiligten Disziplinen im Blick auf das gemeinsame Untersuchungsfeld einen unangemessen weiten Geltungsanspruch vertritt" (Altner 2001, S. 24). Neben diesen Ressentiments gibt es weitere Widerstände gegenüber Interdisziplinarität:

„das hohe Prestige fachlichen Expertentums, das fachliche Autonomie- und Allzuständigkeitsbewusstsein, das sich entweder aus ‚verselbständigter' Tradition, nicht mehr allein ‚sachlich' zu rechtfertigendem gesellschaftlichem Ansehen oder gesteigertem Selbstbewusstsein der jeweiligen Fachvertreter einerseits oder aus der Statusunsicherheit um Anerkennung besorgter Disziplinen andererseits herleiten dürfte" (Heid 2006 (8), S. 794).

Hier wird die besondere Konkurrenzsituation angesprochen, die Wissenschaften umgibt: Nicht nur, dass die einzelnen Fachbereiche, Institute usw. in Konkurrenz treten, auch die jeweiligen Akteurinnen/Akteure selbst stehen in direktem oder indirektem Konkurrenzkampf, bei dem es um Prestige, Einfluss oder Drittmittel geht. Im Kontext der Interdisziplinarität kann hier ggf. ein Hemmnis entstehen, da es nunmehr gilt, sich auf andere Personen anderer Disziplinen mit gleichen Interessen einzulassen und zwar mit großer Offenheit gegenüber deren Arbeitsweisen, Inhalten und nach Möglichkeit ohne Gedanken an Konkurrenz. Freilich kann dies dann leichter gelingen, wenn die jeweiligen an einer gemeinsamen Themenstellung beteiligten Individuen mit ihren Heimatdisziplinen recht weit auseinanderliegen bzw. auch dann, wenn das Thema überhaupt erst unter Einbezug der unterschiedlichen Perspektiven sinnvoll bearbeitet werden kann.

2) Zum anderen kann die zunehmende Differenzierung und Spezialisierung als ein Fortschritt der Wissenschaft und des menschlichen Wissens betrachtet werden. Teilweise können komplexe Fragen bloß noch durch interdisziplinäre Herangehensweisen angemessen bearbeitet werden. Durch Interdisziplinarität kommt es zu einem Zugewinn an wissenschaftlicher Genauigkeit, Offenheit und Kommunikationsfähigkeit. Besondere Formen wissenschaftlicher Herangehensweisen (wie die der interdisziplinären Forschung und Arbeit) erfordern spezifische Denk- und Handlungsmuster, eine erhöhte Sensibilität und Verantwortung für die eigene und fremde Arbeit. Interdisziplinarität prägt einen bestimmten Stil in Denken und Handeln.

Beide Perspektiven (1 und 2) sollen am Beispiel der Erziehungswissenschaft verdeutlicht werden: Eine Prämisse ist, dass sie als Disziplin gilt, da sie einer humanwissenschaftlichen Forschungslogik, -methodik und -technik folgt und den Menschen und dessen Entwicklung betrachtet. Sie trägt zur Entfaltung und Festigung einer sozial-, human- und allgemeinwissenschaftlichen Forschungstradition bei. Erziehungswissenschaft entstammt der Kooperation aus Psychologie, Soziologie, Biologie, Ökonomie und dem didaktischen Fachwissen und ist an der Praxis orientiert. Gerade das deutet bereits auf die Notwendigkeit interdisziplinärer Verständigung, aber auch auf die Anwendbarkeit und den Transfer von Wissen hin. Erziehungswissenschaft „wird entsprechend nicht zentral nach der Qualität ihrer grundlagentheoretischen Fundierung beurteilt, sondern vor allem an der Verwendbarkeit ihrer Ergebnisse in den jeweiligen Kontexten, insbesondere in politischen, medialen und pädagogischen Diskursen gemessen" (Scherr 2009, S. 324). Mit dieser außerwissenschaftlichen Konnotation, die zugleich auf das besondere Theorie-Praxis-Verhältnis innerhalb der Erziehungswissenschaft verweist, zeigt sich auch, dass es u. a. gar nicht so leicht ist, zu bestimmen, was bspw. Pädagogik ist, da es eine hohe Spezialisierung in unterschiedlichen wissenschaftlichen und außerwissenschaftlichen Feldern gibt. Daher besteht nur eine Art relativer Autonomie von (erziehungswissenschaftlichen) Disziplinen. Dies führt auch dazu, dass teilweise eine Art Unbehagen gegenüber interdisziplinären Zugängen formuliert wird, weil die Auflösung der eigenen Disziplin bzw. ihrer Autonomie befürchtet wird. Allerdings geht hiermit die Frage des Grads der Autonomie einher. Für den Fall der Erziehungswissenschaft müsste die Eigenständigkeit der Disziplin gegenüber Theorien und Ansätzen anderer Disziplinen (u. a. Soziologie, Psychologie) in Augenschein genommen werden. Pädagogik beansprucht dennoch häufig eine Autonomie (z. B. des Lernenden).

> „Für die Pädagogik ist festzuhalten, dass kein Phänomen der Realität darin aufgeht, pädagogisch oder Pädagogik oder Erziehung zu sein; dass es aber andererseits kein Phänomen der den Menschen betreffenden Wirklichkeit gibt, das nicht pädagogisch bedeutsam wäre. In dem Maße, in dem Spezialdisziplinen oder einzelwissenschaftliche Untersuchungen Zusammenhänge ausblenden, in denen Bedingungen und Konsequenzen jeweils untersuchter Phänomene, Funktions- und Handlungszusammenhänge angesiedelt sind [...],

wird zumeist eine interdisziplinäre Kooperation mit denjenigen Disziplinen oder Projekten erforderlich, die erwähnte Voraussetzungen und Konsequenzen zum Gegenstand ihrer Untersuchungen haben" (Heid 2006, S. 789f.).

Solche Verflechtungen müssten stärker als bisher in den Blick genommen werden. Zentral ist dabei die Frage, wie sich im Rahmen von Disziplinen und von interdisziplinärem Austausch neues Wissen generiert. Wird es von Einzelpersonen hervorgebracht oder sind daran Denkkollektive mit ihren jeweiligen Denkstilen beteiligt? Was ist das Spezifische an Wissenschaftssprache? Was sind Begründungen, um spezifische Fachsprachen zu verwenden und umgekehrt? Was sind Argumente, die gegen die Verwendung von Fachsprachen sprechen? Was sind (hochschul-)politische Gründe für und wider Fachsprachen und was sind solche für interdisziplinäre Herangehensweisen in Forschung und Arbeit?

Zusammenfassung:
Interdisziplinarität und Wissenschaft stehen in einem besonderen Wechselverhältnis.
Für eine Verbindung sprechen:
- eine Erweiterung von Perspektiven innerhalb der beteiligten Disziplinen
- die Erkenntnissteigerung durch Kooperation
- die Verarbeitung von zunehmender Differenzierung und Spezialisierung in Wissenschaft und Gesellschaft

Dagegen sprechen:
- der Verlust der Einheit von Wissenschaft
- der Qualitätsverlust in der Forschung
- ein Verlust von Spezialisierung durch Generalisierung

Weiterführende Fragen:

- Überlegen Sie im Hinblick auf Ihre eigenen disziplinären Wurzeln (z. B. Ihr Studienfach), ob Sie Ihre Disziplin und sich selbst eher als disziplinär oder interdisziplinär beschreiben würden. Warum/warum nicht?

- Inwieweit sind Sie durch disziplinäre Trennungen/Verbindungen in Ihrem bisherigen Studium, Arbeiten usw. beeinflusst? Welche Auswirkungen hatte das auf Ihr Handeln und welche Auswirkungen wird es in Zukunft haben?

- An welchen Stellen erschienen Ihnen disziplinübergreifende Perspektiven sinnvoll und warum? An welchen Stellen wäre eine Abgrenzung hilfreich gewesen? Warum?

2.2 (Hochschul-)Politische Begründungen für Interdisziplinarität

In den 1960er und 1970er Jahren lag eine Planungseuphorie bezüglich des Bildungswesens vor. Neben dem Gutachten des Deutschen Ausschusses mit dessen klassisch gewordener Bildungsdefinition „Gebildet im Sinne der Erwachsenenbildung wird jeder, der in der ständigen Bemühung lebt, sich selbst, die Gesellschaft und die Welt zu verstehen und diesem Verständnis gemäß zu handeln" (Deutscher Ausschuss 1960, S. 20) ist hier vor allem der „Strukturplan Weiterbildung" (Deutscher Bildungsrat 1970) zu nennen. Dessen Schwerpunkt lag insbesondere auf der Stärkung des quartären Sektors und der Ausrichtung an formalen Lernprozessen in nachschulischen Phasen. Erwachsenen- und Weiterbildung hat sich freilich bis heute verändert, weiter ausdifferenziert und geöffnet. Sie diffundiert in andere Felder wie Kultur, Beruf, Gesellschaft usw., richtet sich teilweise an diesen aus und gestaltet sie aktiv (oder passiv durch Unterlassungen) mit.

Auch Universitäten als Stätten von Bildung wandeln sich. Bisweilen qualifizieren sie Studierende stärker, als dass sie diese bilden würden oder richten sich selbst zunehmend an Märkten aus; sie werden damit zu unternehmerischen Universitäten. Unabhängig von diesen Bewegungen erfährt dabei die Einbindung von Interdisziplinarität auch in der aktuellen Bildungspolitik eine starke Bedeutung: Denn durch die Bologna-Reform sind unterschiedlichste spezialisierte oder allgemeine Studiengänge sowie interdisziplinäre Studiengänge entstanden. Letztere sowie die Zunahme an Sonderforschungsbereichen, Graduiertenkollegs oder Verbundvorhaben könnten die Annahme stützen, dass Disziplinen an Bedeutung verlieren. Auf struktureller Ebene bleiben Fächer und Disziplinen stark, wenngleich eine Verschiebung der Gewichtung durch Bildungspolitik sicherlich nachweisbar ist. Angesichts des großen bildungspolitischen Interesses an Interdisziplinarität bleibt abzuwarten, auf welche Weise die Departments und Fakultäten organisatorisch, personell oder inhaltlich darauf reagieren.

Neben eher direkter Einflussnahme der Politik auf den Wissenschaftsbetrieb gibt es indirekte Beeinflussungen. Eine solche kann in einer zunehmenden Verflechtung von Wissenschaft und Öffentlichkeit liegen, was wiederum das Hineinwirken in die Politik bedingt. So führt die Wahrnehmung von Öffentlichkeit und Politik innerhalb der Wissenschaft auch zu wissenschaftlichen Moden, zu Konkurrenz und zu neuen Formen der Bereitstellung von Wissen. Es wird teilweise erwartet, dass sich Wissenschaft in Öffentlichkeit und Gesellschaft einmischt, oder auch, dass Wissenschaft an gesellschaftlich relevanten Fragestellungen mitarbeitet oder Probleme löst. Manche dieser Fragestellungen sind so groß, dass eine Beteiligung von Wissenschaftlerinnen und Wissenschaftlern unterschiedlicher Disziplinen erforderlich ist. „Wissenschaftspolitisch relevant wurde Interdisziplinarität dadurch, dass der Anspruch gesellschaftlicher Relevanz von Wissenschaft angesichts einer Asymmetrie von Problementwicklung und disziplinärer Entwicklung vor dem Hintergrund von Umweltproblemen und Technologiefolgen nicht mehr eingelöst werden konnte" (Fuest 2004, S. 1). Neben dieser Entwicklung finden sich aber auch Bewegungen in die andere Richtung: So öffnen sich Hochschulen gegenüber einer breiteren Öffentlichkeit (u. a. *Silver Surfer*, Kinder-Uni) und beteiligen zum Teil auch kollaborativ sowie kooperativ Expertinnen und Experten aus der Alltagswelt (u. a. *Citizen Science*). Das Hin und Her von Wissenschaft und Gesellschaft führt zu einer „partizipatorische[n] Rolle von Nichtwissenschaftlern, die in die Produktion des Wissens und sogar in dessen

Validierung als Anwender oder Interessenten mit eingebunden sind."
(vgl. Weingart 1997, S. 527)

Beide Verschränkungsverhältnisse (das Hineinwirken von Wissenschaft
in Öffentlichkeit und umgekehrt von Öffentlichkeit in Wissenschaft)
bedingen (hochschul-)politische Neuerungen oder wissenschaftliches
Umdenken. Interdisziplinarität und interdisziplinäre Kompetenzen
werden für dieses Zwischenfeld von Wissenschaft und Öffentlichkeit
bedeutungsvoll, da mit unterschiedlichem Vorwissen, verschiedenen
Sprachen, Vorannahmen und Menschen mit verschiedenen beruflichen und lebensweltlichen Sozialisationen gemeinsam gedacht und gearbeitet wird. Solche Aspekte können für die beteiligten Personen (vgl.
Kap. 3.2 Interdisziplinäre Kompetenzen) oder die Disziplinen selbst
(vgl. Kap. 3.1.3 Dimensionen von Disziplinarität und Interdisziplinarität) bereichernd sein.

Jedoch gibt es angesichts einer zunehmenden Verquickung von Wissenschaft und Öffentlichkeit sowie angesichts politischer Forderungen
Risiken, diese Bewegungen weiter zu unterstützen. Mit der Forderung,
dass sich Wissenschaften an der Bearbeitung gesellschaftlich bedeutsamer Fragestellungen beteiligen sollen, wird teilweise das Aufweichen
von Disziplinen angestoßen oder billigend in Kauf genommen. Es geht
damit nicht nur um disziplinäre Vormachtstellungen, sondern derartige Forschung ist „immer geprägt durch den Anspruch der Integration"
(Defila & Di Giulio 1998, S. 118). Damit werden disziplinäre Grenzen
und Disziplinen in sich brüchig, verschieben sich oder verschwimmen.

> „Das Problem der Interdisziplinarität tritt erst unter der (freilich
> nicht hinreichenden) Bedingung auf, daß Einzel-Disziplinen exis-
> tieren. Wissenschaft existiert (heute nahezu) ausschließlich in der
> Form thematisch (bisweilen auch methodisch) reduzierter und sepa-
> rierter Einzel- oder Spezialdisziplinen." (Heid 2006, S. 781)

In diesem Sinn wird deutlich, dass interdisziplinäres Arbeiten oder
Forschen nicht überall möglich und sinnvoll erscheint. Das unterstützt
auch Weingart, indem er sich auf einen Soziologen und Architekten eines Zentrums für interdisziplinäre Forschung bezieht. Dieser habe behauptet, „daß die größten Erfolgschancen in der Wissenschaft in der

Kooperation mehrerer, sogar weit voneinander entfernter Disziplinen"
(Weingart 1997, S. 523) bestehen würden. Ob dies angesichts verschiedener Problematiken interdisziplinären Arbeitens (Bereitschaft, Sinn,
Befugnis usw., vgl. Kap. 3.2.2 Systematische Annäherung) wirklich
der Fall ist, kann zumindest angefragt werden. In diesem Zusammenhang rekurriert Weingart auf Gebiete, die in einem neu geschaffenen
„Niemandsland zwischen den Disziplinen" (ebd., S. 523) von manchen
Wissenschaftlerinnen und Wissenschaftlern sogar als besonders innovativ und ertragreich diagnostiziert werden. Mit Verweis auf Heisenberg formuliert er dazu: „Heisenberg generalisierte diese implizite Theorie wissenschaftlichen Fortschritts zu der These, daß die fruchtbarsten
Entwicklungen in der Geschichte des menschlichen Denkens dort entstanden, wo zwei verschiedene Arten des Denkens aufeinander getroffen sind." (ebd., S. 523)

Hier müsste genauer geklärt werden, welches Verständnis von Disziplin oder Interdisziplinarität vorliegt, d. h. ob ein Austausch von Vertreterinnen und Vertretern unterschiedlicher Fächer einer Disziplin bereits ausreichen würde, ob dieser überhaupt erwünscht ist usw. (vgl.
Kap. 3.1.2 Überschneidung und Abgrenzung von Fach und Disziplin). Das Verhältnis von spezialisierten Disziplinen und Inter-Disziplinen gestaltet sich immer wieder neu, ergänzend, parallel, verschränkt.
Wenngleich noch immer unterschiedliche Vorbehalte gegenüber Interdisziplinarität existieren, so gibt es doch vermehrt eine positive Wahrnehmung. Häufig korrespondiert das damit, dass viele Wissenschaftlerinnen und Wissenschaftler das positive interdisziplinäre Moment ihrer
Arbeit erkennen, vielleicht bereits unbewusst oder bewusst damit arbeiten. „Mit Disziplinen verbindet sich die Konnotation, sie seien statisch, rigide, konservativ und innovationsfeindlich. Interdisziplinarität
hat hingegen die Konnotation, sie sei dynamisch, flexibel, liberal und
innovativ." (Weingart 1997, S. 523)

Mit Interdisziplinarität wird Innovation, die Schaffung von Neuartigem angezeigt oder in Aussicht gestellt. Kritische Kommentare und Bemerkungen gegenüber Interdisziplinarität (u. a. fehlende methodische
Strenge) werden mit dem Verweis auf die Schaffung von Neuartigem
in den Wissenschaften verdrängt. In diesem Duktus reiht sich die ver-

mutete Verbindung von Interdisziplinarität und Innovation ein. „Innovativität ist der höchste Wert wissenschaftlicher Aktivität. Das läßt sich dahingehend übersetzen, daß Interdisziplinarität als programmatischer Wert gleich bedeutend mit Innovation ist" (ebd., S. 522). Weingart bündelt diese Zusammenhänge treffend in einem Satz: „Der Diskurs über Interdisziplinarität ist letztlich ein Diskurs über Innovation in der Wissensproduktion." (ebd., S. 523)

Das Festhalten an alten Mustern von Wissenschaft, Wissensproduktion oder auch das individuelle und mühsame Nachzeichnen von Fragestellungen oder ein langanhaltendes Arbeiten an Problemen scheint nicht länger nutzbringend. Diese Methoden scheinen weniger angesagt und kaum noch dem wissenschaftspolitischen Zeitgeist zu entsprechen, der insbesondere das rasche und zahlreiche Publizieren und die Höhe an Drittmitteln im Blick hat. Diese Denkungsart findet sich bei Wissenschaftlerinnen und Wissenschaftlern, bei Förderinstitutionen und in Universitäten zunehmend. Dabei kann gefragt werden, ob in diesem Sinn dann bereits die marktgemäße Steuerung des Erziehungs- und Bildungswesens, einschließlich ihrer Themen, erreicht ist. Denn welcher Forschende *kann* sich wohl angesichts dieser Förderpolitik und des Zeitgeistes der Interdisziplinarität noch auf sich besinnen und ein eigenes Thema ohne „Output-Orientierung" verfolgen? Und wer ist unter diesen Bedingungen noch in der Lage oder gewillt, *eigene* Themen zu setzen? „*Interdisziplinarität*‘ (oder *Transdisziplinarität* und ähnliche Ableitungen) wird propagiert, gefordert, gelobt und in Förderprogramme geschrieben, aber gleichzeitig schreitet die Spezialisierung in der Wissenschaft ungehindert voran" (ebd., S. 522).

In diesem Zusammenhang kann der von Weingart bereits 1997 formulierte Hinweis in neues Licht rücken: „Wie ist es möglich, daß im Angesicht aller verfügbaren Evidenz des Gegenteils und bei folglich nur sehr geringem Grund zur Hoffnung der programmatische Wert der ‚Interdisziplinarität' fortbestehen kann?" (ebd., S. 522) Interdisziplinarität ist eben auch ein von außen an Disziplinen und Personen herangetragenes Phänomen, zu dem in unterschiedlichen Formen und Verbünden praktisch und institutionell gearbeitet wird. Der Wunsch nach Forschung in Verbünden ist ebenfalls Ausdruck einer interdisziplinären und überinstitutionellen Förderpolitik. Und unter „den verschiedenen Darstellungen neuer Formen der Wissensproduktion oder der ‚post-normal science' findet man einen gemeinsamen Topos: Behauptungen inter- oder transdisziplinärer Formen der Forschung werden mit moralischem Enthusiasmus gestützt" (Weingart 1997, S. 526). Wer dieser Begeisterung nicht zustimmt, gerät rasch unter Verdacht, sich selbst nicht offen gegenüber anderen Disziplinen oder Perspektiven zu verhalten, gilt als träge oder als restriktiv. Und selbst, wenn bisweilen berechtigte wissenschaftliche (u. a. Spezialisierung) oder politische Motive (u. a. Erhalt eines Faches) existieren, so werden diese doch rasch überhört oder durch die lauten Rufe nach Interdisziplinarität übertönt. Sie gilt zum einen als anerkannt und zum anderen als *en vogue*.

Neben diesen auf Innovation oder politischen Anrufungen beruhenden Begründungen finden sich auch solche, die eher auf die Notwendigkeit interdisziplinärer Verständigung verweisen. „Unter den Bedingungen knapper Ressourcen und wachsender Legitimationszwänge erfinden Wissenschaftler Problemdefinitionen und Etiketten, die der Öffentlichkeit und ihren Repräsentanten gefallen." (Weingart 1997, S. 527) Es existieren also unterschiedliche Bewertungen von Interdisziplinarität (mit unterschiedlichen Begründungen), einerseits Akzeptanz und Offenheit, andererseits Ablehnung bis hin zu Furcht. „Überschreitungen fachwissenschaftlicher Grenzen geraten in quantitativer (enzyklopädischer Dilettantismus) und qualitativer Hinsicht (fachliche Inkompetenz, Scharlatanerie, Außenseitertum) in (Ver-)Ruf oder zumindest Verdacht der Unwissenschaftlichkeit oder wissenschaftlichen Unseriosität, von anders motivierten Zuständigkeitskonflikten hier noch abgesehen." (Heid 2006, S. 781f.)

Zusammenfassend lässt sich festhalten: Interdisziplinarität wird häufig mit Innovation in Verbindung gebracht. Dabei wird Interdisziplinarität sowohl auf inhaltlicher Ebene, als auch auf prozessualer und organisatorischer Ebene proklamiert. Interdisziplinarität kann positive Effekte haben, sie muss aber auch kritisch betrachtet werden. Denn hinter all ihrer unmittelbar positiven Bewertung liegt die Annahme von quasi automatisierter Innovation durch Interdisziplinarität. Nicht überall, wo Interdisziplinarität als Label in Wissenschaft, Öffentlichkeit oder Politik formuliert wird, ist diese tatsächlich erforderlich oder wird wirklich danach gearbeitet.

Zusammenfassung:
In politischen Diskussionen um Interdisziplinarität finden sich positive Merkmale. Dazu zählen:
- der Trend zur Verknüpfung von Wissenschaft und Öffentlichkeit
- die Öffnung der Universitäten (Kinder-Uni, 50+-Programme)
- das Einmischen von Wissenschaft in gesellschaftspolitisch relevante Fragen

Es zeigen sich aber auch kritische Aspekte, wie
- das Aufweichen von Disziplinen
- die Spannung zwischen Interdisziplinarität und einer immer stärker werdenden Spezialisierung

Weiterführende Fragen:
- Ist Interdisziplinarität der Rahmen, in dem sich die Bedingungen sozialer Wirklichkeit widerspiegeln oder nur ein modisches Dogma, mit dem sich aufgrund des großen öffentlichen Interesses beschäftigt werden „muss"?
- Überlegen Sie, inwieweit Interdisziplinarität eher eng oder eher weit gefasst werden sollte? Was sind Möglichkeiten, was Grenzen eines zu weiten Begriffsverständnisses?

2.3 Bildungspolitische Entwicklungen und ihre Reichweite für interdisziplinäre Kompetenzen

Seit den Empfehlungen des Europäischen Parlaments und des Rates im Jahr 2008 wird verstärkt an der Implementierung eines Europäischen Qualifikationsrahmens (EQR) gearbeitet. Die Intention dieses Referenzsystems besteht in der Vergleichbarkeit von Qualifikationsniveaus in der EU. Der Europäische Qualifikationsrahmen (EQF) ist dabei bildungsbereichsübergreifend konzipiert und umfasst sämtliche Qualifikationsniveaus der allgemeinen, beruflichen und akademischen Aus- und Weiterbildung (vgl. Europäisches Parlament & Rat 2008, S. 3). Für die Praxis bedeutet das, dass die Qualifikationen zunächst dem Nationalen Qualifikationsrahmen (NQR) des jeweiligen Landes zugeordnet werden, und dann im nächsten Schritt eine Zuordnung zum EQF als Metarahmen erfolgt. Der EQF besteht im Wesentlichen aus acht durch Lernergebnisse beschriebenen Qualifikationsniveaus. Unter Lernergebnissen werden Kenntnisse, Fertigkeiten und Kompetenzen verstanden. Sie ermöglichen Aussagen darüber, was Lernende wissen, verstehen oder in der Lage sind zu tun, nachdem sie Lernprozesse abgeschlossen haben (vgl. Europäisches Parlament & Rat 2008, S. 4). Jedes der acht Niveaus (Kompetenzstufen) ist durch Deskriptoren charakterisiert, welche die Lernergebnisse beschreiben und welche für die Erlangung der diesem Niveau entsprechenden Qualifikationen notwendig sind (vgl. Lerch 2016, S. 32f.). In Bezug auf den Deutschen Qualifikationsrahmen (DQR) heißt das: Entscheidend für die „Zuordnung von Qualifikationen zu einem bestimmten Niveau sollen dabei allein nachgewiesene Kompetenzen und nicht Bildungsweg oder -dauer" (Viertel 2011, S. 10) sein. Mit der „Outcome-Orientierung" (vgl. Seeber 2010, S. 1) wird der Schwerpunkt auf Ergebnisse von Bildungsgängen und Bildungsabschnitten gelegt. Dadurch wird eine Angleichung und Anerkennung informell und nicht-formal erworbener Kompetenzen vorbereitet. Die (berufliche) Weiterbildung gibt wichtige Impulse für die Anerkennung von informalen, nicht-formalen und informellen Kontexten und den dort erworbenen Kenntnissen, Fertigkeiten und Kompetenzen.

Zugleich soll damit sowohl die Mobilität der Lernenden bzw. der Arbeitnehmerinnen und Arbeitnehmer als auch die Durchlässigkeit des

Bildungssystems befördert werden. Neben den Bemühungen auf internationaler und nationaler Ebene sind damit auch Konsequenzen für Bildungspraxis und Bildungsverantwortliche inhärent. D. h. das politisch gesetzte Steuerungsinstrument wirkt indirekt und direkt auch auf makro-, meso- und mikrodidaktische Planung von Bildungsprozessen. Zu großen Teilen wird sich daran orientiert, Kompetenzorientierung wird konstitutives Prinzip. Damit einher geht eine zunehmende Ökonomisierung und Beschleunigung des Erziehungs- und Bildungswesens. Die Idee der Universität als freies und kreatives Zentrum wird gemäß dieses Diktums ausgehöhlt. Hinzu tritt die Konkurrenz um Drittmittel bzw. Auftragsforschung. „Die Ökonomisierung der Universität erscheint als Sachzwang, der sich tief ins Bewusstsein eingräbt" (Walk, Sambale & Eick 2008, S. 15). Lehrende und Universitäten werden immer stärker angehalten, sich in das gewinnbringende System einzupassen. Ob auch Interdisziplinarität diese Ausrichtung unterstützt oder ob sie ein passendes Gegenmittel hierzu darstellt, kann nicht hinreichend beantwortet werden.

Sicher ist, dass durch die Betonung von fachlichen und überfachlichen Aspekten im Diktum von Kompetenzzuordnung und -feststellung – so auch im Bereich der interdisziplinär konnotierten Kompetenzen – zunehmend die Eigenverantwortung von Individuen für ihre Lebens- und Laufbahngestaltung, ihre Bildung, Qualifikation und Kompetenz hervorgehoben wird. Kompetenz bedeutet hier „die Fähigkeit und Bereitschaft des Einzelnen, Kenntnisse und Fertigkeiten sowie persönliche, soziale und methodische Fähigkeiten zu nutzen und sich durchdacht sowie individuell und sozial verantwortlich zu verhalten" (Arbeitskreis DQR 2010, S. 4). Kompetenz wird dabei als Eigenständigkeit und Verantwortung beschrieben und in die Felder Fachkompetenz (Wissen und Fertigkeiten) und Personale Kompetenzen (Soziale Kompetenzen und Selbstkompetenzen) eingeteilt. Methodenkompetenz und interdisziplinäre Kompetenz werden als Querschnittskompetenzen verstanden und finden deshalb in der DQR-Matrix nicht eigens Erwähnung (vgl. BMBF 2013, S. 16). Trotzdem ist die intensive Beschäftigung mit dem Qualifikationsrahmen auf allen möglichen Ebenen und mit unterschiedlichen Implikationen zu beobachten. Das Spektrum reicht von wissenschaftlich-kritischer über affirmative Ausrichtung in theoretischen Diskursen, Überlegungen zur Anerkennung informellen Lernens (u. a. aktuell: Bildungsbenachteiligte, Flüchtlinge) im politischen Feld hin zu praktischen Umsetzungsszenarien (vgl. Kastner 2016).

Aus einer bildungspolitisch initiierten Kompetenzorientierung resultieren folglich einige Konsequenzen für die Organisation und Gestaltung von Bildungseinrichtungen, von Lehre, aber auch für die beteiligten Akteure selbst. Für Individuen und ihre Kompetenzen beinhaltet dies einige Chancen (u. a. Mobilität von Lehrenden und Lernenden, Aufwertung informell erworbener Kompetenzen); es bedeutet aber, dass sie sich zunehmend in eine Verwertbarkeitslogik einbringen sollen. Die scheinbare Messbarkeit von Kompetenzen soll eine größtmögliche Transparenz der Fähigkeiten des Individuums ermöglichen, mit der Erwartung, diese Kompetenzen vor allem im ökonomischen Bereich nutzen zu können; sie muss aber auch von Bildungsverantwortlichen derart gestaltet werden.

Inwieweit das Auswirkungen auf interdisziplinäre Kompetenzen haben wird, bleibt abzuwarten, denn nicht allein ein Arbeiten über Ländergrenzen, zwischen Kulturen oder in unterschiedlichen Systemen führt bereits zu Inter- und Transdisziplinarität. Hierzu ist die gemeinsame Arbeit an Problemstellungen und eine gewisse Bereitschaft zu einer kultur- oder fachübergreifenden Arbeit sowie ein Einlassen auf Ungewisses notwendig, für das jedoch in einer Verwertbarkeitslogik wie der Kompetenzorientierung kaum noch Raum zu existieren scheint.

Zusammenfassung:
- Die Orientierung an Kompetenzen im DQR und EQF soll zu einer erhöhten Transparenz und Vergleichbarkeit von Bildungsabschlüssen in der EU führen.
- Die europäische Mobilität der Arbeitnehmerinnen und Arbeitnehmer soll gefördert werden.
- Die (relative) Eigenverantwortung des Individuums wird betont.

Weiterführende Fragen:

- Können und sollten (interdisziplinäre) Kompetenzen gemessen werden?
- Beinhalten interdisziplinäre Kompetenzen eine ökonomische Ausrichtung? Oder sind sie eher gesellschaftlich, politisch und individuell bedeutsam?
- Inwieweit ist es richtig bzw. sinnvoll, Interdisziplinarität mit Innovation gleichzusetzen?

2.4 Fazit: Komplexität und Innovation

Sowohl im bildungspolitischen als auch im wissenschaftlichen Kontext finden sich zwei zentrale Motive für Interdisziplinarität: Umgang mit Komplexität und Wunsch nach Innovation. Beide Beweggründe liegen auf unterschiedlichen Ebenen und intendieren verschiedene Wirkungen. Während im einen Fall stärker auf die Komplexität von Lebens- und Arbeitswelt eingegangen wird und Interdisziplinarität ein individuelles Orientieren darin meinen kann oder eben auch ein disziplinäres Vernetzen und Sich-Öffnen von Disziplinen gegenüber anderen, um auf diese Veränderungen wissenschaftlich, politisch und öffentlich zu reagieren, geht es im anderen Fall um Innovation. Beide Merkmale sind positiv konnotiert und Ausdruck einer schönen, neuen wissenschaftlichen und politischen Kultur, in der es manchmal darum geht, mehr zu sein, als man eigentlich wissenschaftlich oder politisch ist. Und Interdisziplinarität erweist sich dabei als ein hilfreicher Ausdruck, der mehr verschleiert als erhellt, zugleich aber eben jenen Wohlklang erzeugt, der den gegenwärtigen Zeitgeist trifft.

3. Interdisziplinäre Kompetenzen: Theoretische Bestimmungen

Das dritte Kapitel unternimmt eine theoretische Annäherung an den Begriff der „Interdisziplinären Kompetenzen". Nachdem zunächst Systematiken und Typologien zu „Interdisziplinarität" (vgl. Kap. 3.1 Interdisziplinarität – Grundlegende Skizzierungen) und im Anschluss zu „Kompetenzen" vorgestellt werden, wird im weiteren Verlauf detailliert auf den Kern des Buchs, auf „interdisziplinäre Kompetenzen" eingegangen (vgl. Kap. 3.2 Interdisziplinäre Kompetenzen). Hierbei wird zum einen auf die Verschiebung von disziplinären hin zu personalen Sichtweisen rekurriert (vgl. Kap. 3.2.1 Interdisziplinarität als Denkstil), zum anderen werden systematische Bestimmungen interdisziplinärer Kompetenzen (vgl. Kap. 3.2.2 Systematische Annäherung) vollzogen. Die gewonnenen Erkenntnisse werden abschließend gebündelt (vgl. Kap. 3.3 Zusammenfassung).

3.1 Interdisziplinarität – Grundlegende Skizzierungen

3.1.1 Formen und Grade von Interdisziplinarität

„Ist Interdisziplinarität ein Wert an sich?" (Bammer 2003, S. 54)

Bei einer grundlegenden Betrachtung von Interdisziplinarität müssen zunächst Unter-, Ober-, Gegen- und Parallelbegriffe (vgl. Koselleck 1972, S. XXV; Koselleck 2006, S. 101f.; Arber 1993; Lerch 2010, S. 45–49) in den Blick genommen werden, welche mit Interdisziplinarität verbunden sind. Sie stehen sich gegenüber, ergänzen sich, verlaufen parallel und weisen in die gleiche Richtung. Ohne den Anspruch auf Vollständigkeit zu erheben, werden in Anlehnung an Jungert (2013 (2), S. 2–4) einige Begriffe aufgeführt, welche in wissenschaftlichen Auseinandersetzungen vorherrschen:

Zunächst existiert Multidisziplinarität. Unter diesem Konzept werden Probleme auf verschiedene Aspekte hin untersucht, es erfolgt jedoch keine Gesamtschau oder disziplinäre Verzahnung methodischer oder konzeptioneller Art, sondern es werden lediglich mehrere „Teilansichten, die allerdings zueinander in bestimmten Zuordnungen und Ergänzungen stehen" (Heckhausen 1987, S. 138), zusammengebracht. Multidisziplinarität impliziert ein disziplinäres Nebeneinander auf demselben Themengebiet ohne strukturierte Zusammenarbeit oder fachübergreifende Synthesebemühungen der Einzelwissenschaften; jede Disziplin widmet sich nur den sie selbst betreffenden Teilaspekten des Themas.

Ganz ähnliche Argumentationen finden sich im Hinblick auf Pluri- oder Crossdisziplinarität. So schreibt Heckhausen:

> „Sie [die Pluridisziplinarität, SL] vermag einen Gegenstand gemeinsamen Interesses [...] unter den fachwissenschaftlichen Aspekten der einen oder der anderen Disziplinarität zu beleuchten und in Beziehung zu setzen. Sie vermag nicht, die verschiedenen Perspektiven ineinanderzuführen oder zu vereinigen." (ebd., S. 137)

Interdisziplinarität meint in diesem Zugriff, dass zwar ein Bewusstsein für die jeweiligen anderen Disziplinen besteht, sie jedoch kaum ernsthaft aufgenommen werden. Ein Ineinandergreifen der verschiedenen Perspektiven zeigt, dass die Disziplinen durchaus bereit sind, sich an einer übergeordneten Fragestellung zu orientieren. Die Disziplinen mit ihrem jeweiligen theoretischen oder methodischen Anspruch arbeiten gemeinsam und nehmen sich in ihrer eigenen Bedeutung ein Stück zurück; sie sind in der Lage, sich in den Dienst einer gemeinsam, alle betreffenden Fragestellung zu stellen.

Crossdisziplinarität (vgl. Balsiger 2005) bezeichnet eine erste Stufe der Zusammenarbeit, welche die Übernahme und Nutzung fremder Erkenntnisse, Methoden und Programme für die eigene Disziplin beinhaltet. Zwar herrscht nur ein kleiner gemeinsamer Nenner der Verständigung von und über Interdisziplinarität vor, da im Schwerpunkt der Arbeitsformen und Forschungen „Motiv und Methodik [eher fehlen], um diese aufeinander zu beziehen und nach der wechselseitigen Bedeutsamkeit disziplinärer Erkenntnisse zu fragen" (Jungert 2013, S. 2; vgl. auch Defila & Di Giulio 1998, S. 114, Balsiger 2005, S. 142–136 u.

Voigt 2013 (2)), aber es gibt ein Bewusstsein für die Relevanz anderer Disziplinen.

Dieser Aspekt scheint generell für ein interdisziplinäres Arbeiten grundlegend und auch für die Ausbildung bzw. Förderung von interdisziplinärem Verstehen, Sehen und Arbeiten zentral zu sein. Denn nach der Wahrnehmung von Besonderheiten des eigenen Fachs und dem Erkennen von Fragestellungen, Gegenständen oder Methoden anderer Disziplinen ist ein wichtiger Schritt interdisziplinärer Sichtweisen von Studierenden, Forschenden und praktisch Tätigen in eben dieser bewussten Adaption von Erkenntnissen einer Disziplin auf die eigene zu sehen, wenngleich dies noch keine Interdisziplinarität im engeren Sinn ist. Letztere wird sehr häufig über Fragestellungen oder zu bearbeitende Inhalte generiert. So ist der Bau einer pädagogischen Einrichtung ein aus sich heraus begründeter interdisziplinärer Prozess, an dem Personen aus Erziehungswissenschaft, (Innen-)Architektur, Bauingenieurwesen usw. beteiligt sein können. Der Gegenstand oder das Thema bedingt folglich eine interdisziplinäre Herangehensweise. Notwendig wird dadurch, dass die jeweiligen Akteurinnen und Akteure, die auf unterschiedliche Weise berufsbiographisch sozialisiert werden, unterschiedliche Fachkulturen erleben, bestimmte Herangehensweisen favorisieren oder über verschiedene begriffliche, theoretische und sprachliche Welten verfügen, in einen gemeinsamen Austausch treten müssen. Sie sind gezwungen, den Anderen in seiner (die Andere in ihrer) Perspektive zu verstehen und die eigene Sprache (vgl. Kap. 3.2.3 Begriffliche Schärfungen) so zu verwenden, dass die am gemeinsamen Prozess Beteiligten ebenfalls einen Zugang finden. Erst dadurch entsteht ein Gemeinsames, sonst bleibt es bloß bei einem beschränkten Blick auf einzelne Facetten des Gegenstands.

Über diese Stufe der Interdisziplinarität hinaus weist allein noch interdisziplinäre Forschung, die besagt, dass Wissenschaftlerinnen und Wissenschaftler aus verschiedenen Fächern an einem allgemeinen, alltagsnahen oder fachübergreifenden Problem arbeiten (vgl. u. a. Heckhausen 1987). Hier kann beispielsweise die Arbeit an einem neuen Röntgengerät genannt werden, an dem Personen aus Medizin ebenso wie Ingenieurwesen oder Informatik beteiligt sind. Dabei ist sprachliche Artikulation ein wichtiges Mittel zur erfolgreichen Bewältigung des gemeinsam angelegten Projekts oder des Auftrags. Arbeitsteilige Prozesse müssen ausgehandelt, gemeinsame Schritte geplant und durchgeführt oder neue Anforderungen und Veränderungen besprochen werden. Kommunikation stellt ein zentrales Mittel interdisziplinären Arbeitens und Forschens dar (vgl. Kap. 3.3 Zusammenfassung).

Um den Aspekt des gemeinsamen Forschens und Arbeitens weiter zu vertiefen, lohnt ebenfalls ein Blick in die von Jungert im Anschluss an Heckhausen entworfene Systematik bzw. Typologie von Interdisziplinarität. Er unterscheidet dabei (vgl. Jungert 2013 (2), S. 5f.; Heckhausen 1972, S. 89 u. Balsiger 2005, S. 159f.):

1) Unterschiedslose Interdisziplinarität: Das Nebeneinander von verschiedenen Einführungen (z. B. zu Krankheitsbildern aus soziologischer, medizinischer oder statistischer Sicht). Diese Form der Interdisziplinarität zeigt sich häufig bei Vortragsreihen (z. B. Ringvorlesungen), bei denen die einzelnen Beiträge eher unverbunden nebeneinander stehen.
2) Pseudo-Interdisziplinarität: Die irrige Auffassung, dass bereits die Nutzung derselben Modelle durch verschiedene Disziplinen zur Interdisziplinarität führen würde.
3) Hilfsinterdisziplinarität: Der „Gebrauch ‚fremder' Methoden für die eigene Disziplin [z. B. historische Hilfswissenschaften, wie Numismatik, Epigrafik]" (ebd., S. 5)
4) Zusammengesetzte Interdisziplinarität: Zusammenarbeit verschiedener Disziplinen zur Lösung eines allgemeinen Problems, wie z. B. des Friedensproblems (vgl. Heckhausen 1972)
5) Ergänzende Interdisziplinarität: „entwickelt sich […] in den Grenzgebieten einer Disziplin […] [z. B. Psycholinguistik]." (ebd., S. 6)
6) Vereinigende Interdisziplinarität: „Annäherung […] der theoretischen Integrationsniveaus und Methoden verschiedener Disziplinen." (ebd., S. 6)

Für interdisziplinäres Lernen, Lehren, Arbeiten und Forschen folgt daraus zweierlei: (1) Es ist wichtig, immer wieder auf einer Meta-Ebene die beteiligten Personen (z. B. Studierende und Lehrende) daran zu erinnern, welches Verständnis von Interdisziplinarität jeweils zugrunde liegt und welche Chancen und Grenzen mit diesem verbunden sind. Reflexionsfähigkeit ist hier ein zentrales Mittel. Ein solches Reflektieren ist dabei nicht nur ein wichtiges Instrument zur Beteiligung und Einbindung aller Personen, sondern es unterstützt über eine begriffliche, methodische und inhaltliche Auseinandersetzung das Suchen und Finden eines eigenen interdisziplinären (Selbst-)Verständnisses. (2) Ein solches ist nicht mit den oben genannten Unterscheidungen zur interdisziplinären Forschung deckungsgleich, aber es kann durchaus für das Studieren sowie für die berufliche Praxis fruchtbar gemacht werden: So geht es in Modulbeschreibungen interdisziplinärer Studiengänge häufig um Sensibilisierung und Wahrnehmung der Möglichkeiten und Unmöglichkeiten von Interdisziplinarität oder um Projektarbeit (vgl. Kap. 4.1 Befunde aus Hochschulen).

Neben der Perspektive der Studierenden kann bereits hier überlegt werden, welche weiteren Ebenen und Akteurinnen/Akteure betroffen sind, mit allen Möglichkeiten und Problemen. So müssten Verwaltung, Fachbereiche, Fächergruppen usw. in den Blick genommen werden, denn sie alle sind mehr oder weniger stark von dieser neuen und ungewohnten Denk- und Handlungsweise betroffen. Gewisse Vorbehalte können auf Kämpfe um Macht und Einfluss auf Strukturen, Finanzen usw. zurückgeführt werden (vgl. Defila & Di Giulio 1998, S. 112). Daneben formieren sich Disziplinen durch die Bearbeitungen von Ausschnitten der Wirklichkeit, durch spezialisierte Gegenstände und durch genuine Methoden, was unter Umständen mit einer expliziten Fachsprache einhergeht und was schließlich zu einer Übersetzungsnotwendigkeit führen kann.

Bindet man diese eher strukturellen Bemerkungen zurück an die Perspektive der Personen selbst und deren Arbeitsformen, so lassen sich beispielsweise für den hochschulischen Kontext folgende Unterschiede zwischen Mikro- und Mesodidaktik zu Makrodidaktik konstatieren: Auf der Ebene der Mikro- und Mesodidaktik, auf der Ebene der konkreten Seminararbeit bzw. von (interdisziplinären) Tutorien (vgl. Brinker & Hartel 2012) und in der Perspektive von Studierenden bewegt sich Interdisziplinarität häufig in der Ordnung von Hilfs- und zusammengesetzter Interdisziplinarität (vgl. Ebenen 3 und 4 nach Jungert): So werden etwa Methoden und Fragestellungen anderer Disziplinen für den eigenen Kontext erschlossen, verstehbar gemacht oder eine gemeinsame Problemstellung (z. B. soziale Gerechtigkeit) aus verschiedenen Blickwinkeln heraus erläutert und betrachtet. Dies wäre nach Jungert keine „echte" (integrierte) Interdisziplinarität, aber ein sehr wesentliches Propädeutikum, eine Vorbereitungsoption für Studierende auf dem Weg der Entwicklung hin zu einem interdisziplinären Sehen, Denken und Arbeiten.

Auf der Ebene der Makrodidaktik wird deutlich, dass es für einen Austausch von Studierenden, Forschenden und praktisch Tätigen unterschiedlicher wissenschaftlicher Provenienz der Schaffung von Strukturen und Rahmenbedingungen bedarf, die ein „echtes" interdisziplinäres Studieren überhaupt erst ermöglichen. Die Besonderheit liegt in der Verbindung von interdisziplinären Inhalten und interdisziplinären Arbeitsformen (u. a. Kleingruppen- und Projektarbeiten). Nur im Bewusstsein einer gemeinsamen Arbeit wird Interdisziplinarität auch auf weiteren von Jungert skizzierten Ebenen möglich. Eventuell entwickeln sich über gemeinsames Tun neue Teildisziplinen einer Disziplin in Verbindung mit einer fremden (ergänzende Interdisziplinarität, Ebene 5). Oder die Interdisziplinarität wird als Basis gelingender Praxis gar fraglos angenommen (vereinigende Interdisziplinarität, Ebene 6), womit eine bestimmte Denkweise von Studierenden, Forschenden und praktisch Tätigen verbunden wäre. Die Entwicklung interdisziplinärer Denk- und Arbeitsweisen von Akteurinnen und Akteuren ist ein langer Prozess und kann zunächst erst einmal versucht und erprobt werden. Auf den beiden letzten Ebenen (ergänzende und vereinende Interdisziplinarität) besteht eine gewisse Nähe zum Aspekt der Transdisziplinarität (vgl. Mittelstraß 2003, S. 9f.; Kockelmann 1979). Dies meint das Ineinandergreifen und Neukonzipieren von Gegenständen oder Methoden durch den Austausch unterschiedlicher Disziplinen.

Durch ein Aufweisen einzelner Ebenen und Facetten von Interdisziplinarität wird deutlich, dass stets (je nach Kontext, Disziplin usw.) zu prüfen ist, was genau gemeint ist, wenn von Interdisziplinarität gesprochen wird. Um dies weiter aufzuschließen, lohnt es sich, die Abgrenzungsschwierigkeiten von Fach und Disziplin genauer zu skizzieren (3.1.2) und Dimensionen von Disziplinarität und Interdisziplinarität vorzustellen (3.1.3). Unter Rückgriff auf beides und unter Betrachtung von Inter- und Transdisziplinarität soll eine Arbeitsdefinition für den Denkhorizont dieser Einführungslektüre vorgestellt werden (3.1.4).

3.1.2 Überschneidung und Abgrenzung von Fach und Disziplin

Ob Interdisziplinarität schon vorliegt, wenn über Fächergrenzen hinweg gearbeitet wird, ist nicht immer gewiss. Zum Teil nämlich kooperieren innerhalb von einzelnen Fächern unterschiedliche Richtungen (z. B. empirische vs. kritische Erziehungswissenschaft) untereinander, was dann eher mit Inner- oder Interfachlichkeit zu beschreiben wäre (vgl. Schneewind 2012, S. 210); zum Teil wird problematisiert, was genau eine Disziplin ist. Beispielsweise formuliert Heckhausen dazu: „Es gibt auch Fächer, die, wie die Medizin, selbst überhaupt kein Fach im Sinne einer irgendwie basalen Disziplinarität wären. So ist die Bezeichnung ‚Medizin' ein Sammelname für eine Fülle verschiedener Fächer von unterschiedlicher Disziplinarität." (Heckhausen 1987, S. 134f.) Neben der Frage nach dem, was Disziplinen gegenüber Fächern sind, tritt hier noch hinzu, dass es offenbar Fächer/Disziplinen gibt, die per se schon durch andere Fächer/Disziplinen gesättigt sind.

Für den vorliegenden Kontext des Buchs ist es begründbar, dass – wenngleich beispielsweise auch Sportwissenschaften und Mikroökonomie in sich durch andere Disziplinen, Perspektiven, Gegenstände oder Methoden angereichert sind – in einem gemeinsamen Feld (etwa dem Marketing von sportlichen Großveranstaltungen) eine Schnittmenge gebildet wird, von der aus es unter Einbezug von Gegenstand und Methode durchaus zulässig ist, von Interdisziplinarität zu sprechen. Das Zitat von Heckhausen nimmt zugleich aber die Unterscheidung von Fach und Disziplin auf, die auch Sukopp herausstellt. „Ein wesentlicher Unterschied zwischen Fächern und Disziplinen (Heckhausen 1987, S. 130f.) besteht nun darin, dass es innerhalb einer Disziplin, etwa der Physik, viele methodisch und experimentell ähnlich vorgehende Fächer gibt" (Sukopp 2013 (2), S. 19). Dies ist sicherlich berechtigt und stellt

keinen Widerspruch zur vorliegenden Verständnisweise zur Abgrenzung von Fach und Disziplin dar:

Eine Disziplin scheint einem oder mehreren Fächern gegenüber eine
übergeordnete Ausrichtung zu besitzen. Um dies noch genauer auszu-
führen, wird zunächst begrifflich auf Fach und im Anschluss auf Disziplin eingegangen:

(1) Der Begriff „Fach" wird im Allgemeinen zuerst mit dem schuli-
schen Kontext verbunden. Der Unterricht wird durch die Einteilung in
Fächer geordnet. Fächer können in einer ersten Definition als

> „Ordnungsschemata für die sozial geregelte Aneignung von Wis-
> sen [bezeichnet werden]. Sie vermitteln also zwischen der Fülle vor-
> handenen Wissens und seiner Anwendung in den gesellschaftli-
> chen Praxisbereichen. In ihrer Vermittlungsfunktion sind sie selbst
> das Resultat historischer und sozialer Vermittlungsprozesse" (Bracht
> 2006, S. 578).

Die darin vermittelten Inhalte umfassen das Wissen des Fachgegen-
stands und verbinden es mit der praktischen Anwendbarkeit. Fächer
als geordnete Wissensvermittler sind differenziert. Sie bilden die „Einheit' des Wissens" (ebd., S. 579). Das Wissen aus den jeweiligen Fachdisziplinen kann jedoch nicht vollständig und nicht aus allen Wissenschaften vermittelt werden. Unsicherheit besteht auch darin, welche
Fächer in den jeweiligen Fächerkanon aufgenommen werden sollen,
sofern man davon ausgeht, dass sich ein solcher Kanon begründen
lässt.

Vom Fach bzw. Fachbereich wird dann gesprochen, wenn es um die
Einordnung von zusammengehörenden Wissenschaften geht. Wenn
man beispielsweise im Handbuch Erwachsenenbildung/Weiterbil-
dung (vgl. Tippelt & Hippel 2011) nach dem Wort „Fach" sucht, findet
man folgende Begriffe: Fachverlag, Fachöffentlichkeit, fachintern, Fach,
Fachschulung, Fachdisziplin, Fachleute oder Fachwissen. Dies lässt darauf schließen, dass die Bezeichnung „Fach" im Zusammenhang mit
Spezialisierung und Professionalisierung sowie mit Fähigkeiten und
Fertigkeiten innerhalb einer Disziplin gebraucht wird. „Fach" scheint
dabei der Disziplin untergeordnet. Auf das eben gezeigte Textbeispiel

bezogen ist damit gemeint, dass Vertreterinnen und Vertreter der Erwachsenenbildung ein spezifisches Fachwissen innerhalb der Disziplin Erziehungswissenschaft besitzen.

Dennoch existieren zu dieser Anordnung konträre Ansichten. So teilt etwa Schneewind genau umgekehrt ein:

> „Fächer als die Einheiten, die Studenten normalerweise studieren und nach denen die Universitäten oft ihre Mittel verteilen: Philosophie, Soziologie, Psychologie, Betriebswirtschaftslehre, Jura und so weiter. Disziplinen sind hingegen Teilbereiche von Fächern." (Schneewind 2012, S. 210).

Daran wird deutlich, dass allein schon zu einer Differenzierung und Ordnung des Spannungsfeldes von Fach und Disziplin parallele, gegensätzliche und gleiche Ansichten existieren, was vielleicht damit zu tun hat, wer (mit welcher wissenschaftlichen Sozialisation) welche Position vertritt oder vertreten darf.

(2) Der Begriff „Disziplin" leitet sich aus dem Lateinischen disciplina – Unterweisung, Lehre, Unterricht sowie Bildung, Kenntnis, Wissen, Kunst, Lehre (Gesamtheit des Gelehrten) – ab (vgl. Stowasser et al. 1998, S. 160). Es lassen sich verschiedene Zweige der Wissenschaft im Allgemeinen oder einer Einzelwissenschaft im Speziellen als Disziplin bezeichnen. Historisch entwickelte sich der Begriff in der Bezeichnung von wissenschaftlichen Fächern, „die sich durch methodische Stringenz auszeichneten (Mathematik, Logik), sowie auf Wissenschaft überhaupt […]" (Heid 2006, S. 782). Mit der Spezialisierung und Differenzierung der Wissenschaft und der Gesellschaft wuchs der Bedarf der Kategorisierung in Einzelwissenschaften und somit auch die Unterteilung in (Einzel-)Disziplinen (vgl. ebd., S. 781–783). In Bezug auf die gesamte Wissenschaft wird meist zwischen Natur- und Geisteswissenschaften sowie Sozialwissenschaften unterschieden. Diese lassen sich dann wieder weiter unterteilen in bspw. Soziologie, Erziehungswissenschaft usw. Je nachdem, welches Einteilungskriterium gewählt wird, lassen sich die Naturwissenschaften weiter auffächern in Physik, Chemie, Biologie etc. und dann weiter in Mikro- und Makrophysik, anorganische und organische Chemie etc. Innerhalb der Philosophie etwa können folgen-

de Disziplinen unterschieden werden: Zumeist ordnet man die Disziplin in theoretische und praktische Philosophie. Unterteilt man erstere in Erkenntnis- und Wissenschaftstheorie, Metaphysik und Bedeutungstheorie, so gliedert man letztere etwa in Anthropologie, Ethik und Staatsphilosophie usw.

Disziplin „bezeichnet nach allgemeinem Verständnis ein Wissenschaftsgebiet mit einem bestimmten Grad an Spezialisierung und genau festgelegten Formen der Kontrolle über Produktion und Diffusion von Wissen. Kontrolle impliziert – wie beim Begriff der Disziplin selbst – sowohl externe Kontrolle als auch Selbstkontrolle" (Heilbron 2005, S. 26f.) Disziplinen werden daneben gemeinhin über einschlägige, für sie geltende Wissensformen und Handlungsweisen gekennzeichnet.

Um dem noch etwas nachzugehen, was unter Disziplin gefasst wird, nutzt ein Bezug auf Thomas S. Kuhn:

> „Wissenschaftsdisziplinen seien durch *scientific communities* geprägt, die sich ihrerseits auf tradierte Wissenschaftspraxen berufen: Eine wissenschaftliche Gemeinschaft besteht (nach Kuhn) aus den Fachleuten eines wissenschaftlichen Spezialgebiets, die einer gleichartigen Ausbildung und beruflichen Initiation unterworfen sind. Sie haben die gleiche Fachliteratur gelesen und vielfach dasselbe daraus gelernt, bezeichneten doch die Grenzen dieser Standardliteratur die Grenzen eines wissenschaftlichen Gegenstandsbereiches; jede Gemeinschaft hat für gewöhnlich ihr eigenes Gegenstandsgebiet" (Feichtinger et al. 2004, S. 13f.).

Die übergreifenden Merkmale einer Disziplin bestehen also in a) einer verbundenen Gruppe von Forschenden („scientific community"), b) einem verfügbaren und akzeptierten Wissen, c) relevanten Fragestellungen, d) angewandten Methoden sowie e) einer bestimmten Sozialisation (vgl. Defila & Di Giulio 1998, S. 112f. u. Sukopp 2013, S. 21).

Es wird deutlich, dass das Festhalten an einer Disziplin oder die eigene Zugehörigkeit zu einer Disziplin (und damit verbunden dann auch zu einem Fach) nicht nur Abgrenzungsschwierigkeiten nach sich zieht, sondern damit bestimmte Zugänge zur Wirklichkeit, zu Arbeits-, Sicht- und Handlungsweisen festgelegt sind. Diese Zugänge wandern mehr oder weniger bewusst in die jeweiligen Akteurinnen und Akteure hinein und beeinflussen disziplinäre und interdisziplinäre Herangehensweisen und Fachidentitäten (vgl. Kap. 3.3 Zusammenfassung).

Solche Identitäten haben für das Individuum eine wichtige Funktion. Sie bilden eine Zugehörigkeit, prägen bestimmte Annahmen, Zugangsweisen und Verlässlichkeiten und führen so zu einem Gefühl disziplinärer Souveränität. Zugleich freilich beeinflussen diese die Art und Weise von Kooperationen mit anderen Disziplinen. Das hängt auch damit zusammen, ob und inwieweit die eigene Disziplin bereits von anderen beeinflusst ist. „Viele Fächer haben die gleiche Disziplinarität mit anderen Fächern gemeinsam. Andere Fächer wiederum haben zwei oder mehr Disziplinaritäten, unter deren Betrachtungswinkel sich das Fach aufteilt oder die Erörterung eines Problems alterniert." (Heckhausen 1987, S. 130) So hat beispielsweise sowohl die Arbeits- und Organisationspsychologie als auch die Entwicklungspsychologie die Psychologie als Referenzrahmen, als Disziplin.

Geht man davon aus, dass Disziplinen Fächern übergeordnet sind, dann muss noch hinzugefügt werden: Disziplinen sind in der Wissenschaft gewachsene Einheiten, welche sich jedoch verändern können (vgl. Defila & Di Giulio 1998, S. 112). Sie können sich in bestimmter Hinsicht verbinden, vereinen, wodurch möglicherweise neue Disziplinen entstehen können. Sie müssen das jedoch nicht. Disziplinen als geschichtlich gewachsene, eigenständige und in der Regel klar abgrenzbare Einheiten (vgl. ebd., S. 112) können ohne einen Verlust des eigenen Kerns miteinander in Beziehung treten. Die Identität einer Disziplin resultiert, über gemeinsame Forschungsgegenstände hinaus, aus

- einem relativ homogenen Kommunikationszusammenhang von Forscherinnen und Forschern (scientific community),
- einem bestehenden Korpus an Wissen (Aussagen, Erkenntnissen, Theorien),
- Forschungsproblemen, die im jeweiligen gesellschaftlichen, politischen und historischen Kontext relevant sind,
- einem „set" von Methoden sowie spezifischen, institutionalisierten Sozialisationsprozessen (vgl. Defila & Di Giulio 1998, S. 112). Eine derartige Sozialisation (z. B. über ein wissenschaftliches Studium)

bildet disziplinspezifische Sichtweisen (vgl. ebd., S. 113), eine bestimmte „Haltung" aus (vgl. Balsiger 2005, S. 157).

Es wird deutlich, dass Disziplinen Einfluss auf Denk- und Handlungsweisen der jeweiligen Akteurinnen und Akteure nehmen. Dies kommt
auch dadurch zustande, dass mit Disziplinen in der Wissenschaft häufig eine positive Bewertung der Arbeit einhergeht und die Handelnden
dies dann ebenfalls positiv aufnehmen. Bisweilen finden sich Hinweise
darauf, dass disziplinäre Fähigkeiten, Fertigkeiten und Kenntnisse Voraussetzungen für interdisziplinäres Denken und Handeln darstellen.
„Aus dieser Perspektive ist Interdisziplinarität ein leicht verdächtiges
Unternehmen, zu weich für wirklich harte Wissenschaften. Mit Disziplin verbindet sich methodologische Strenge, Tiefbohren, Genauigkeit."
(Weingart 1997, S. 524) Gerade damit aber zeigt sich das Potential interdisziplinären Arbeitens und Forschens, das in echter theoretischer,
methodischer oder praktischer Verquickung liegt. Durch ein derartiges
Ineinander differenter Disziplinen können sogar neuartige Herangehensweisen und Gegenstände entwickelt werden, für die freilich dann
dieselben wissenschaftlichen Kriterien gelten sollten.

Zusammenfassend lässt sich festhalten, dass Fach und Disziplin miteinander verwoben sind und zum Teil gleichbedeutend verwendet
werden. Für den Kontext des Einführungsbuchs und für eine grundlegende Betrachtung zur Interdisziplinarität aber scheint es plausibel,
Disziplinen als Fächern übergeordnet zu verstehen. Disziplinen hän-
gen von differenten Faktoren ab, sie beeinflussen bestimmte disziplinäre und damit auch individuelle Sichtweisen. Das hat Auswirkungen auf
das Ausbilden und die Förderung von interdisziplinären Kompetenzen.
Zugespitzt werden kann das in der Überlegung, inwieweit eine disziplinäre Ausrichtung einer interdisziplinären zuvorkommen muss oder
inwieweit das gerade andersherum zu gestalten ist (vgl. Kap. 5.2 Interdisziplinäres Arbeiten anregen und begleiten: Möglichkeiten und Methoden). Dies wird dann bedeutsam, wenn daran erinnert wird, dass
Disziplinen die Arbeit von Studierenden, Forschenden und praktisch
Tätigen strukturieren. Disziplinen bilden die Grundlage für interdisziplinären Austausch, auf deren Basis ein fachübergreifender Dialog überhaupt erst sinnvoll und möglich wird. Gleichwohl gibt es bestimmte

innerwissenschaftliche Faktoren, die dazu führen, dass interdisziplinäres Arbeiten strukturell erschwert wird. In der Abgrenzung der „eigenen" Disziplin etwa gegenüber anderen geht es nicht bloß um Territorien oder Abgrenzungsmechanismen, sondern jede Disziplin verfügt über bestimmte Kriterien sowie eine Fachsprache, die automatisch zu einer besonderen Position führen. Im Mittelpunkt stehen Autonomie und Reputation, aber auch der Stellenwert der zugehörigen Disziplin. Wer über disziplinäre Grenzen hinweg arbeitet oder wem diese Grenzen weniger wichtig sind, muss fürchten, dass bestimmte Personen diese(n) dann als „inkompetent" oder als bloß irgendwie zur Disziplin zugehörig und eben nicht als Kernmitglied wahrnehmen (vgl. Heid 2006 (8), S. 786). Es muss also nicht nur (sprachlich) möglich sein, über disziplinäre Grenzen zu denken und zu arbeiten, sondern es muss auch erwünscht und zugelassen sein.

3.1.3 Dimensionen von Disziplinarität und Interdisziplinarität

Fragt man nach möglichen Differenzierungen, die helfen, Interdisziplinarität aufzufächern und begreifbar zu machen, dann lassen sich einige finden (vgl. Kap. 2.1 Wissenschaftliche Begründungen für interdisziplinäres Forschen und Arbeiten). Einmal wird auf disziplinärer Autonomie beharrt, ein anderes Mal wird in einen Zwischenraum eingetreten und wieder ein anderes Mal wird eine echte Verzahnung bewirkt. Im Offensein und Eintreten in einen Raum des Austauschs sowie in wirklicher Verbindung liegt sicher schon Interdisziplinäres. „Es gibt [allerdings] keinen allgemein akzeptierten, zwingenden Begriff von Interdisziplinarität, weil es keinen allgemein akzeptierten Begriff von Disziplin und Interdisziplinarität gibt." (Kocka 1991, S. 130) Wie aber kann man sich dann weiter dem nähern, was Interdisziplinarität bezeichnet? Neben einer Unterscheidung in theoretische, praktische und methodische Interdisziplinarität (vgl. Mittelstraß 1989, 2005; Sukopp 2013 (2), S. 21f.) macht Michael Jungert einen Vorschlag. Ein Wirken von Disziplinen im Zwischenbereich könnte auf folgende Dimensionen rekurrieren (vgl. Jungert 2013 (2), S. 7–9):

- Gegenstände: Diese werden zumeist ohnehin von verschiedenen Disziplinen aus betrachtet und erschlossen (vgl. Defila & Di Giulio 1998, S. 116f.).
- Methoden: Sie sind häufig in verschiedenen Disziplinen wirksam, was sich bereits durch qualitative Forschungen von Medizin bis Soziologie zeigt.
- Probleme: Dieser Aspekt ist wichtig und wird in interdisziplinär zusammengesetzten Studiengängen berücksichtigt, denn die anvisierten Zusammensetzungen von Studienfächern sind wesentlich durch die Problemstellungen (z. B. Gerechtigkeit) ausgezeichnet. Es ist entscheidend, vom Gegenstand aus zu denken, dabei aber Einzelperspektiven zuzulassen, sie aufzunehmen und sie ggf. zu verbinden.
- Theoretisches Integrationsniveau: Modelle und Theorien verschiedener Disziplinen passen nicht immer zusammen. Zudem hat jede Disziplin ihre eigene Sprache, was zum Nicht-Verstehen aus der Sicht einer anderen Disziplin führen kann. Daher lohnt es sich, schon in der Ausbildung großen Wert auf Kommunikation und Austausch zwischen Studierenden unterschiedlicher Fächer zu legen und damit anzustreben, Grenzen der Fachsprachen verschwimmen zu lassen, zumindest aber einen Austausch zu ermöglichen.
- Personen/Institutionen: Dieser Moment der Akteurs-, Fächer- und Fachbereichsebene wurde bereits angesprochen. Es geht um einen Austausch zwischen verschiedenen Ebenen und Personen. Eine Herausforderung besteht in einer relativ hohen Durchlässigkeit der Strukturen sowie der Fähigkeit der Akteurinnen und Akteure, in den unterschiedlichen Feldern zu handeln.

Diese Aspekte bedingen den jeweiligen Grad an Interdisziplinarität in Ausbildung und Arbeitsleben. Daneben können zwei Arten von Interdisziplinarität unterschieden werden: „schwache" (Kooperation innerhalb eines Faches) und „starke" Interdisziplinarität (Zusammenarbeit zwischen zwei oder mehreren Fächern). Dieses Verständnis scheint jedoch etwas zu kurz zu greifen, da die Qualität der Interdisziplinarität und ihre Effekte dabei nicht wirklich in den Blick genommen werden (vgl. Schneewind 2012, S. 210; Basfeld & Hutter 2012). Daher ist eine Überprüfung der oben genannten Dimensionen auf die vorliegende konkrete Form von Interdisziplinarität sinnvoll. Je nach Intensität und

Grad der vorgestellten Aspekte ließe sich dann auf unterschiedliche Ausprägungen von Interdisziplinarität verweisen. Eine solche Intensität kann in den jeweiligen Aspekten begründet sein, weniger auf ein Produkt als vielmehr auf einen Prozess angelegt sein oder sich unterschiedlicher Sprachen bedienen. Sie kann aber auch in Lücken liegen. Denn durch die Beforschung von neuen wissenschaftlichen Räumen können positive Effekte für alle Beteiligten entstehen. In der Begegnung in einem neuen, sich verwandelnden Raum liegt Potential für Interdisziplinarität (vgl. Kap. 3.2.3 Begriffliche Schärfungen). Auf solche Zwischenfelder bezieht sich Johannes Feichtinger unter Rückgriff auf Mittelstraß, wobei er generell das Verhältnis von Disziplin und Interdisziplinarität in den Blick nimmt. Das Ziel „interdisziplinärer Forschung [sei] nicht die Aufhebung der Disziplinarität [...], sondern die Korrektur der durch Spezialisierung entstandenen Wissenslücken moderner Wissenschaft." (Feichtinger et al. 2004, S. 13) Freiräume zu öffnen, sie zu begehen und sie auszugestalten, ist eine Erwartung gegenüber Wissenschaft, die, obgleich das in Zeiten unternehmerischer Hochschulen nicht immer umsetzbar scheint, so doch noch Bestand hat. Neue Räume und Sichtweisen zu öffnen, kann disziplinär erfolgen, aber gerade auch durch Irritation und Erfahrung durch andere Disziplinen gelingen.

3.1.4 Inter- und Transdisziplinariät: Versuch einer Arbeitsdefinition

Neben den bereits skizzierten Begriffen, die mit Interdisziplinarität in Verbindung gesetzt werden, kommt noch der Begriff der Transdisziplinarität hinzu.

> „Während wissenschaftliche Zusammenarbeit allgemein die Bereitschaft zur Kooperation in der Wissenschaft und Interdisziplinarität in der Regel in diesem Sinne eine konkrete Zusammenarbeit auf Zeit bedeutet, ist mit Transdisziplinarität gemeint, daß Kooperation zu einer andauernden, die fachlichen und disziplinären Orientierungen selbst verändernden wissenschaftssystematischen Ordnungen führt. Dabei stellt sich Transdisziplinarität sowohl als eine Forschungs- und Arbeitsform der Wissenschaft dar, wo es darum geht, außerwissenschaftliche Probleme, z. B. [...] Umwelt-, Energie-, und Gesundheitsprobleme, zu lösen, als auch ein innerwissenschaft-

liches, die Ordnung des wissenschaftlichen Wissens und der wissenschaftlichen Forschung selbst betreffendes Prinzip." (Mittelstraß 2003, S. 9f.)

Transdisziplinarität verändert Wissenschaften und Disziplinen, allerdings löst sie diese nicht auf, sondern bedingt – einem hermeneutischen Zirkel gleich – ein neues Verständnis bisheriger Disziplinen oder neue Zusammenschlüsse von Disziplinen. Das meint, dass zwar vorhandene Disziplinen die Basis bilden, allerdings diese durch transdisziplinäres Forschen verändert werden. Es lassen sich daher mit einiger Berechtigung Gründe finden, weshalb besser von Transdisziplinarität statt von Interdisziplinarität gesprochen werden könnte. Transdisziplinarität

> „basiere auf jenen Entwicklungen in Wissen und Kultur, die gekennzeichnet sind durch Komplexität, Hybridität, Non-Linearität und Heterogenität. Im Sinne dieser Definition wird Transdisziplinarität zu einem Gemeinsamen an Axiomen für eine Gruppe von Disziplinen. Basierend auf der Dynamisierung des Wissens, der Mobilität und permanenten Neukonfiguration bringe Transdisziplinarität neue theoretische Strukturen, Forschungsmethoden und Praxisformen hervor, die nicht mehr bestimmten Disziplinen zugeordnet werden können" (Feichtinger et al. 2004, S. 12).

Das vorliegende Einführungsbuch hat es sich zur Aufgabe gemacht, Wissenschaft und Praxis gleichermaßen einzubeziehen. Es nimmt daher den Austausch von Personen, das Arbeiten an Gegenständen oder das Verwenden von Methoden auf.

> „Interdisziplinarität wird verstanden als ein integrationsorientiertes Zusammenwirken von Personen aus mindestens zwei Disziplinen (allenfalls auch Teildisziplinen) im Hinblick auf gemeinsame Ziele, in welchem die disziplinären Sichtweisen zu einer Gesamtsicht zusammengeführt werden. Einbezogen werden jeweils diejenigen Disziplinen, die zur Bearbeitung des Themas etwas beitragen können." (Di Giulio, Defila & Künzli 2001, S. 105)

Diese Definition enthält grundlegende Merkmale einer möglichst allgemeingültigen Annäherung an Interdisziplinarität. Um diese noch etwas enger zu fassen und zugleich der eben skizzierten Ausrichtung des Buchs Rechnung zu tragen, sollen weitere Aspekte hinzugenommen werden, die hier ertragreich erscheinen.

Arbeitsdefinition für das Einführungsbuch

Wenngleich Einordnungen und Definitionen zu Interdisziplinarität Gefahr laufen zu vereinfachen, so soll dennoch eine Arbeitsdefinition für den Kontext des Einführungsbuchs versucht werden. Zu berücksichtigen ist, dass eine solche Umschreibung stets im Zwischenfeld von wenig disziplinärer und deutlich interdisziplinärer Ausrichtung liegen muss. Gerade in diesem Zwischenraum zeigt sie die Besonderheit des interdisziplinären Studierens und Arbeitens.

Eine mögliche Arbeitsdefinition von Interdisziplinarität kann angeführt werden, um ein für Lehre, Forschung und Praxis anschlussfähiges Verständnis zugrunde zu legen: Interdisziplinarität kann skizziert werden

> „als eine Form wissenschaftlicher Kooperation in Bezug auf gemeinsam zu erarbeitende Inhalte und Methoden, welche darauf ausgerichtet ist, durch Zusammenwirken geeigneter Wissenschaftler/-innen [bzw. Studierender, SL] unterschiedlicher fachlicher Herkunft das jeweils angemessenste Problemlösungspotential für gemeinsam bestimmte Zielstellungen bereitzustellen." (Defila & Di Giulio 1998, S. 117)

Allerdings machen Defila und Di Giulio darauf aufmerksam, dass der Ruf nach Interdisziplinarität kein Allheilmittel ist oder sich dadurch Disziplinen auflösen würden, sondern: „Interdisziplinarität trägt also in aller Regel nicht per se zur Universalisierung, sondern zur Spezialisierung bei – in Form neuer (Teil-)Disziplinen" (ebd., S. 117), und zwar unabhängig davon, ob Interdisziplinarität in theoretischer oder praktischer Perspektive verstanden wird.

Zusammenfassung:

- Es existieren unterschiedliche Formen von Interdisziplinarität (u. a. Multidisziplinarität: Erforschung von Teilaspekten, keine Gesamtschau; Plurisdiziplinarität: ebenfalls Betrachtung von Teilansichten; Crossdisziplinarität: Übernahme disziplinfremder Erkenntnisse).
- Die Reflexion über Verständnis, Ebenen und Perspektiven von Interdisziplinarität ist eine Voraussetzung für interdisziplinäres Arbeiten.

- Interdisziplinarität erfordert und bedingt Offenheit und Austausch zwischen den Disziplinen.

Weiterführende Fragen:
- Reflektieren Sie kritisch unter Rücksicht auf die genannten Definitionen der Multi-, Pluri- und Crossdisziplinarität, inwiefern ein unter dem Stichwort der Interdisziplinarität, gefasstes Projekt, an dem Sie mitwirken, als ein solches angesehen werden kann!
- Versuchen Sie Ihre eigenen disziplinären Fragestellungen klar für sich zu definieren und bewusst zu machen.
- Was sind Kernpunkte Ihrer Disziplin, die es Ihnen ermöglichen, eine klare Abgrenzung von den anderen Disziplinen vorzunehmen? Kontrastieren Sie Ihre Gedanken evtl. mit denen einschlägiger Fachliteratur und/oder der Selbstbeschreibung Ihrer Institution.
- Denken Sie an das Image Ihrer eigenen Disziplin. Würde sie sich auf andere Sichtweisen einlassen? Wie würden Sie die Bereitschaft zu interdisziplinärem Austausch innerhalb Ihrer Disziplin einschätzen?
- Reflektieren Sie den Einsatz differenter Fachsprachen, indem Sie mit Ihnen bekannten Personen anderer Disziplinen über ein „multiperspektivisches" Thema sprechen. Beobachten Sie, wie für Sie als selbstverständlich geltende Begriffe in anderen Zusammenhängen interpretiert werden.
- Machen Sie sich bewusst, inwieweit Sie selbst disziplinär geprägt sind und schärfen Sie so Ihr Bewusstsein für den kommunikativen Austausch mit anderen!

3.2 Interdisziplinäre Kompetenzen

Ehe den Chancen und Grenzen der Verbindungslinien von Interdisziplinarität und Kompetenz weiter nachgegangen werden kann, müssen zunächst einige Bemerkungen zu Verständnisweisen, Wegen und Umwegen von Kompetenzen gemacht werden (vgl. Lerch 2016). Dies ist notwendig, um in logischer Linie das Zauberwort der „Interdisziplinären Kompetenzen" weiter zu erschließen.

Die Nachfrage von interdisziplinären Kompetenzen hängt zu einem wesentlichen Teil mit der veränderten Strukturierung von Arbeit zusammen. Immer häufiger wird in Teams oder projektförmig gearbeitet. In Einstellungen oder bei Weiterbildungen kann bewusst oder beiläufig die Bereitschaft und Befähigung zum interdisziplinären Austausch abgefragt werden, z. B. wenn ein Ingenieur mit Auftraggebenden, Kolleginnen und Kollegen oder dem Vertrieb in der eigenen Firma spricht oder auch, wenn ein Landschaftsgärtner mit einer Architektin einer Auftraggeberin gegenüber verhandelt (vgl. Kap. 1.3.2 Neue Arbeitsformen). Neben solchen aus Arbeitszusammenhängen kommenden Begründungen für Interdisziplinarität finden sich aber auch politische Motive. Der Begriff nämlich scheint in unterschiedlichen Kontexten und auf verschiedenen Ebenen zu gefallen. Trotz oder gerade weil der Begriff schillert, fällt ihm eine gewisse Durchsichtigkeit (vgl. Tafreschi 2005, S. 7–9), eine Selbstverständlichkeit sowie eine positive Konnotation anheim. Unklar bleibt, was genau der Begriff bezeichnet bzw. welches semantische Potential sich im Terminus ausdrückt. Daher geht es hier um die Relevanz des Ausdrucks, die „ausschließlich in der Eröffnung von Verständnishorizonten [begründet ist], die die Rekonstruktion der Bedeutungskomponenten der untersuchten Kategorie erleichtern" (Stojanov 2006, S. 22). Disziplinäre oder interdisziplinäre Verständigung über die Begriffe „Interdisziplinarität" sowie „interdisziplinäre Kompetenzen" erscheint daher dringend erforderlich, wenngleich in Wissenschaft, Praxis und Politik bereits selbstverständlich damit gearbeitet wird. Dies aufnehmend wird im Folgenden eine begriffliche und semantische Annäherung an diesen zusammengesetzten Begriff versucht. Dabei geht es nicht allein um ein Durchdenken von Möglichkeiten und Unmöglichkeiten oder um ein Aufweisen von verschlungenen Wegen des (inter-)disziplinären Denkens, sondern es wird über eine semantische Schärfung intendiert, den Begriff für theoretische sowie für empirische und für praktische Diskussionen anschlussfähig zu machen.

Um nun interdisziplinäre Kompetenzen weiter zu explizieren, werden zwei Herangehensweisen vorgestellt. Zunächst wird – in Anlehnung an die Annahmen des Mikrobiologen Ludwik Fleck, welcher zugleich wichtige Beiträge zur Erkenntnistheorie lieferte – Interdisziplinarität als vor-bewusste Form des Denkens gekennzeichnet. Damit wird eine besondere Kompetenz zum Ausdruck gebracht, die als Haltung beschrieben werden kann (vgl. Kap. 3.2.1 Interdisziplinarität als Denkstil). In einem zweiten Schritt werden „Interdisziplinäre Kompetenzen" vor dem Hintergrund von Kompetenz im Allgemeinen erschlossen (vgl. Kap. 3.2.2 Systematische Annäherung) und darauf aufbauend Präzisierungen interdisziplinärer Kompetenzen in einem neuen Ordnungsversuch vorgestellt (vgl. Kap. 3.2.3 Begriffliche Schärfungen). Schließlich wird eine Bilanz gezogen (vgl. 3.3 Zusammenfassung) und die Anschlussfähigkeit der Ergebnisse für Theorie, Praxis und Politik verdeutlicht.

3.2.1 Interdisziplinarität als Denkstil

Stand in der bisherigen Analyse Interdisziplinarität besonders in Relation zu Methoden, Gegenständen oder Fächern, also letztlich eher im Wirkungskreis von Disziplinen, so wird – in Anlehnung an den Ansatz von Ludwik Fleck – der Fokus zurück auf die Person selbst gelegt. Dabei wird der These gefolgt, dass Interdisziplinarität in den Subjekten (vor-)bewusst gegeben ist, ohne sie erzeugen zu müssen (vgl. Lerch 2014). Ein solcher Zugang ist von den bisherigen Kennzeichnungen verschieden, lässt sich aber zum einen in thematischer Absicht, d. i. Interdisziplinarität weiter aufzufächern, begründen. Zum anderen bietet dieser Zugang den Vorteil, das Thema „Interdisziplinäre Kompetenzen" vorzubereiten, denn durch den Kompetenzbegriff allein wird der Subjektbezug offenkundig.[3]
Fleck geht davon aus, dass nicht der Einzelne als solcher Ausgangspunkt von Erkenntnis ist (selbst wenn sich das Individuum als denkendes versteht und wirkt), sondern sein Erkennen bereits durch kollektive Formen des (bereitgestellten) Wissens sowie von (vorhandenen) Erkenntnismöglichkeiten vor-geprägt ist. Das Denkkollektiv ist in diesem Sinn Ausgangspunkt von Erkenntnis.

---

3   Allerdings muss einschränkend angemerkt werden, dass es hier um eine an Fleck anschließende Lesart geht, denn er selbst hat einen eher anti-individuellen Standpunkt eingenommen, was u. a. bereits an Begriffen wie „Denkstil" oder „Kollektiv" deutlich wird.

„Wir schauen mit den eigenen Augen, aber wir sehen mit den Augen des Kollektivs Gestalten, deren Sinn und Bereich zulässiger Transpositionen das Kollektiv geschaffen hat. Wir sind geneigt, sie zu vervollständigen, im positiven und negativen Sinn, d. h. wir sehen nicht, daß gewisse Elemente fehlen, und wir erblinden gegenüber überflüssigen Zusätzen. Wir sehen nacheinander die übergeordneten Gestalten, wir hören auf, zu sehen, aus welchen Bestandteilen sie entstehen." (Fleck 1947, S. 157)

An anderer Stelle definiert Fleck Denkkollektiv als „*Gemeinschaft der Menschen, die im Gedankenaustausch oder in gedanklicher Wechselwirkung stehen,*" und die im Besitz „*eines bestimmten Wissensbestandes und Kulturstandes, also eines besonderen Denkstiles*" (Fleck 1935, S. 54f.; Hervorhebung im Original) sind. Eine bestimmte Art und Weise des Sehens wird bei „Forschern erkennbar z. B. an (Forschungs-)Interessen und Wissenschaftsverständnissen, an bevorzugten Methoden und theoretischen Perspektiven sowie an evidenten Urteilen. Denkgemeinschaften bilden sich in kommunikativen Zusammenhängen mit Bezug auf ähnliche Ideen und können von zufälligen Zusammenkünften hin zu stabil organisierten sozialen Gruppen reichen" (Dreke 2008, S. 293). Neben solchen unbewussten oder strukturellen Bedingungen für Interdisziplinarität gibt es Wissenschaftlerinnen und Wissenschaftler, die in der Lage sind, sich in dem Zwischenraum von Disziplinen denkend und handelnd zu bewegen. Bisweilen lässt sich so etwas bewusst trainieren, manchmal geschieht es beiläufig durch das Leben des Lebens selbst. Damit wird ein Zusammenhang von Biographie und Denkstil deutlich. Gleichwohl lassen sich diese Denkgewohnheiten ändern, wenngleich man häufig bei der Annahme stehen bleibt, dass die mit einem ersten akademischen Grad erworbene disziplinäre Zugehörigkeit unveränderlich sei, „obwohl nicht wenige Wissenschaftler im Verlauf ihrer wissenschaftlichen Biographie das Arbeitsgebiet wechseln und im Ergebnis dessen in anderen Disziplinen tätig sein können" (Laudel & Gläser 1999, S. 21).

In einer Welt, welche von unterschiedlichen Disziplinen aus betrachtet wird, die wiederum an neuen und alten Ideen arbeiten (vgl. Platzer 2002), wird offenkundig, dass das Arbeiten von Einzelnen wie von (interdisziplinären) Einheiten selbst bereits interdisziplinär angelegt wird

– und zwar wenigstens in zweifacher Hinsicht: Jedem Denken und Erkennen ist eine Welt vorgeschaltet, welche sich selbst bereits interdisziplinär zusammensetzt. Sie ist schlicht gegeben und fraglos vorhanden
(vgl. Schütz & Luckmann 1994, S. 47f.). Die Akteurinnen und Akteure bewegen sich in diesem Sinne in Denkkreisen bestehend aus Informationen, Wissen oder Methoden, welche vorhanden sind und einer
Vielzahl von Menschen sowie unterschiedlichen Disziplinen zur Verfügung stehen. Daneben besitzt jede Person aufgrund ihrer (berufs-)bio-
graphischen Entwicklung einen je eigenen Denkstil (vgl. Fleck 1935).
Dieser Denkstil kann als un-bewusst interdisziplinär bezeichnet werden. Er speist sich durch Erziehung, durch Menschen, die ein denkendes und handelndes Subjekt kennen und welche das eigene Denken,
Sehen und Schauen direkt oder indirekt beeinflussen. Je nachdem, ob
diese enger oder weiter um das Individuum herumkreisen, bezeichnet
Ludwik Fleck dies als endogene und exogene Faktoren. Diese wiederum haben Einfluss auf die Konstruktion der Wirklichkeit und damit
auf die Konstruktion des Erkennens, denn: Jedes Individuum verfügt
zunächst über eine

> „eigene Wirklichkeit, in der und nach der er lebt. Jeder Mensch be-
> sitzt sogar viele, zum Teil einander widersprechende Wirklichkeiten:
> die Wirklichkeit des alltäglichen Lebens, eine berufliche, eine religi-
> öse, eine politische und eine kleine wissenschaftliche Wirklichkeit.
> Und verborgen eine abergläubisch-schicksalsvolle, das eigene Ich
> zur Ausnahme machende, persönliche Wirklichkeit. Jedem Erken-
> nen, jedem Erkenntnissystem, jedem sozialen Beziehungseingehen
> entspricht eine eigene Wirklichkeit" (Fleck 1929, S. 48).

Diese Wirklichkeit des Einzelnen sowie die vorgefundene Realität, in
denen Fragestellungen entwickelt werden, beeinflusst die Art des Fra-
gens wie auch die Art und Weise des Antwortens. „Der wissenschaftliche Apparat lenkt das Denken auf die Gleise des Denkstils der Wissenschaft: Er erzeugt die Bereitschaft, bestimmte Gestalten zu sehen,
wobei er gleichzeitig die Möglichkeit, andere zu sehen, beseitigt."
(Fleck 1947, S. 164) Allerdings ist, so Fleck, nicht das Lösen der Aufga-
benstellungen selbst die eigentliche Schwierigkeit, sondern „das Begreifen der Herkunft" und die „Bedeutung der Probleme selbst; nicht die
Begriffe, sondern deren Entstehen und Zweckmäßigkeit" (Fleck 1929,
S. 48) müssen weiter untersucht werden. Hier liegt sicher viel Potential

für eine Bestimmung von Interdisziplinarität als Arbeiten und Eintauchen in wissens- und erkenntnisbezogene Gegebenheiten. Sowohl das Individuum selbst, als auch die Art und Weise des Denkens und die Gedankenwelt im Allgemeinen können als Netz bestehend aus kollektiven Denklinien betrachtet werden:

> „Jedes Wissen hat seinen eigenen Gedankenstil mit seiner spezifischen Tradition und Erziehung. In beinahe unendlichem Reichtum des Möglichen wählt jedes Wissen andere Fragen, verbindet sie nach anderen Regeln und zu anderen Zwecken. Mitglieder differenter Wissensgemeinschaften leben in eigener wissenschaftlicher oder beruflicher Wirklichkeit" (ebd., S. 48).

Zur Generierung sowie zur Lösung von Fragestellungen ist dies zu berücksichtigen. D. h., dass bestimmte Strukturen in vorhandenen Lebens- oder Arbeitsfeldern vorliegen, welche per se interdisziplinär sind und auf denen die Subjekte sich dann bewegen. Daneben bringen die jeweiligen Personen selbst Strukturen mit hervor und gestalten in dieser Weise disziplinäre und interdisziplinäre Sichtweisen und Strukturen durch ihr Denken und Handeln mit.

Insbesondere bei projektbezogenen Arbeitsformen oder bei inhaltlichen Fragen, welche nur durch unterschiedliche Disziplinen bearbeitet werden können, zeigt sich die Schwierigkeit des Eingrenzens dieser Denk- und Arbeitsweise, denn jedes Subjekt verfügt über einen eigenen Denkstil, der wiederum durch fachbezogene Denkkreise, aber eben auch durch andere Faktoren bedingt ist. Damit wird offenkundig, dass ein Bewusstsein für diese Denkweise von besonderer Bedeutung ist, um überhaupt gemeinsam und vor allem interdisziplinär zu denken, zu sprechen und schließlich zu handeln. Das Individuum tritt gegenüber einer Gruppe von Denkenden zurück. Denn eine wissenschaftliche Tatsache ist nicht vom wissenschaftlich Handelnden unabhängig, sondern bestimmte Voraussetzungen eines Kollektivs beeinflussen einzelne Wissenschaftlerinnen und Wissenschaftler indirekt und werden kaum wahrgenommen. Als objektiv Gegebenes wird „dasjenige [empfunden], was zwingend durch das jeweilige Denkkollektiv determiniert ist, was sich gemäß den Vorstellungen des Denkstils nicht anders verhalten kann" (Schäfer & Schnelle 1983, S. 21). Wissen ist an Menschen und deren Interaktionen gebunden. Nicht das Individuum, sondern das Kollektiv ist damit Ausgangspunkt von Erkenntnis und Welterklärung.

Im Hinblick auf Interdisziplinarität kann diese Herangehensweise gebündelt werden: Der Denkstil beeinflusst Problemstellung und Perspektive. Mit der Relativierung der Wirklichkeit auf das jeweilige zu einem Denkstil sich verdichtende Erkennen folgt die Relativierung der Wahrheit: Der Denkstil nämlich bestimmt neben den Problemen, die als untersuchungswürdig gelten (u. a. soziale Gerechtigkeit), auch die Beobachtungsweise des Gegenstandes. Die so erkannte Wahrheit ist also abhängig vom Denkstil und den durch ihn bestimmten Zweck des Wissens. „Was wir denken und wie wir sehen, hängt vom Denkkollektiv ab, dem wir angehören. Von uns gesehene Bilder besitzen neben einer genetischen, geschichtlichen Bedingtheit auch eine innere, stilgemäße Determination." (Fleck 1935, S. 82) Diese kollektive Ausprägung wissenschaftlicher Arbeit bestimmt Genese und Ausarbeitung von Ideen. In diesem Sinn ist eine neue Idee auf kollektive Zusammenarbeit zurückzuführen und kann nicht als plötzliche Inspiration eines Einzelnen ausgelegt werden. Denn Menschen gehören immer unterschiedlichen Denkkollektiven an, die ihre eigene Wahrnehmungsfähigkeit, die Bereitschaft und Fähigkeit zu Perspektivwechsel, die Art zu denken und zu sprechen, den Denkstil beeinflussen. „Deshalb interpretiert jedes Kollektivmitglied einen Gedanken unterschiedlich: Sich zu verstehen schließt notwendig ein, sich in gewisser Weise mißzuverstehen" (Schäfer & Schnelle 1983, S. 19).

Sprache ist ein wichtiges Element von alltäglicher, wissenschaftlicher und interdisziplinärer Kommunikation. Denn neben Artikulation und Verständigung außerhalb des eigenen Systems (u. a. Öffentlichkeit, Politik, Wissenschaft) ist es wichtig, diese Ideen im eigenen oder in angrenzenden wissenschaftlichen Feld(ern) verstehbar zu machen. Zudem ist es für die Entwicklung interdisziplinärer Sicht- und Arbeitsweisen vielleicht sogar notwendig, „feindliche Interessen [zu] zerstören" (Fleck 1935, S. 81). Erst dadurch wird es möglich, neue Herangehensweisen, Methoden oder Gegenstände zu entdecken. Dies ist letztlich eine anstrengende Tätigkeit, die von mehreren Akteurinnen und Akteuren vollzogen werden muss, um einen Denkstil in eine neue Bahn zu bewegen (vgl. Fleck 1936, S. 92).

> „In eine fremde Gruppe übertragen, macht ein Gedanke Verschiedenes durch. Er kann zu einem mystisch unfaßbaren Motiv werden, um das herum sich ein hintergründiger Kult gruppiert (Apotheose des Gedankens). In einem anderen Fall wird er lächerlich und Gegenstand des Spottes (Karikieren des Gedankens). Überwiegend befruchtet und bereichert er den fremden Stil, wobei er sich umstilisiert und assimiliert: Der Inhalt verändert sich bisweilen bis zur Unkenntlichkeit" (Fleck 1936, S. 94),

selbst wenn der Terminus weiterhin existiert. Dies ist rasch einleuchtend, allein wenn an komplexe Begriffe wie „Liebe" oder „Gerechtigkeit" gedacht wird, die in unterschiedlichen Disziplinen different betrachtet werden können, aber eben auch durch Worte, welche in verschiedenen Disziplinen Unterschiedliches bezeichnen (u. a. „Person" in Medizin und Erziehungswissenschaft oder „Substanz" in Philosophie und Bauwesen). Nicht nur, dass diese Begriffe Unterschiedliches meinen, hinter ihnen sind auch jeweilige Denksysteme sowie historisch gewordene Denkstile verborgen. Gerade dies gilt es beim interdisziplinären Arbeiten zu berücksichtigen und in der Kommunikation zwischen verschiedenen Disziplinen zu bedenken: Der Denkstil ist eine Prägung des Denkens und noch keine berufliche Haltung von Individuen, er kann aber für Interdisziplinarität genutzt werden. Als jeweilige Mitglieder eines Denkkollektivs und damit von bestimmten Denkstilen sind die Subjekte bereits zu einem bestimmten Sehen verpflichtet (vgl. Fleck 1935, S. 130). Diesen Denkstil in einen interdisziplinären zu wandeln (sofern er nicht selbst bereits interdisziplinär ist), ist nicht einfach.

> „Jeder Wissenschaftler gehört neben seinem speziellen Denkkollektiv mindestens noch dem exoterischen Gesamtkollektiv der alltäglichen Lebenswelt an; in der Regel wird er aber auch Mitglied noch anderer wissenschaftlicher und nichtwissenschaftlicher Denkkollektive sein. Diese konkurrierenden Orientierungen der Individuen lassen sich bei der wissenschaftlichen Arbeit nicht einfach ausblenden. Im Gegenteil: Sie fließen in den Denkverkehr des Kollektivs mit ein. Aus dieser Informationsverarbeitung zwischen den Mitgliedern des Kollektivs ergeben sich die Veränderungstendenzen des Denkstils." (Schäfer & Schnelle 1983, XXXIX)

Wir denken, sprechen und handeln bereits interdisziplinär, ohne dass es uns bewusst ist. Entscheidend scheint, dass Interdisziplinarität in diesem Sinn eher eine bestimmte Art des Sehens ist. Damit wird Wahrnehmung und Kommunikation bedeutungsvoll. Diese Annahme hat Auswirkungen auf ein (un-)mögliches „Ausbilden" von Interdisziplinarität: Unmöglich scheint es den eigenen Denkstil zu bestimmen, möglich aber ist es, sich das eigene Sehen und Staunen zu vergegenwärtigen. Ein solches Bewusstmachen als Reflexion über die eigenen Denkweisen kann durchaus geschärft werden. Zugleich besteht darin die Möglichkeit, das eigene interdisziplinäre (Selbst-)Verständnis freizulegen, indem sich begrifflich, methodisch und inhaltlich verständigt, ausgetauscht und kooperiert wird. Zu bedenken bleibt, dass Erkennen kein individueller Prozess ist, sondern auch eine soziale Tätigkeit, welche die Grenzen individuellen Erkennens übersteigt. Ein individueller Erkenntnisgewinn ist damit immer auch ein Erkenntnisfortschritt eines Denkstils und eines Denkkollektivs, ist abhängig von der unbewusst und bewusst gelernten Denkungsart.

Das Ringen um begriffliche Klarheit ist stets ein Erfordernis von Wissenschaft. Gerade aber vor dem Hintergrund einer Beteiligung von Vertreterinnen und Vertretern unterschiedlicher Disziplinen tritt dies noch deutlicher hervor. Um nämlich Verständigung und Austausch über disziplinäre und persönliche Grenzen hinweg zu ermöglichen, ist es erforderlich, sich sprachlich angemessen zu artikulieren, sich selbst und den Standpunkt der eigenen Disziplin zu reflektieren und ihn nicht als unumstößliche Wahrheit zu betrachten, Offenheit und Interesse gegenüber neuen und anderen Denk- und Handlungsweisen zu besitzen oder konträre Standpunkte auszuhalten bzw. diese in thematischer Absicht miteinander in Verbindung zu bringen. Solche Kompetenzen sind für interdisziplinäres Denken und Tun unablässig, sie werden aber auch durch das Sein und das Handeln in interdisziplinären Zusammenhängen gefördert.

3.2.2 Systematische Annäherung

Kompetenz: Begriff und Bedeutung

Um den Kompetenzbegriff hier ausreichend zu skizzieren, müssten unterschiedliche disziplinäre Zugänge einbezogen werden, diese miteinander diskutiert und verglichen werden oder es müsste ein aus der Wissenschaft breit anerkanntes Verständnis begründet werden. Beides ist praktisch unmöglich, da der Begriff quasi ständig und überall verwendet wird und es zum anderen auch innerhalb einer Disziplin, etwa der Erziehungswissenschaft zahlreiche unterschiedliche Verständnisweisen gibt. Der Begriff ist ungemein charmant, da er stets positiv besetzt ist und praktisch überall gebraucht werden kann, egal ob in Bezug auf eine Institution oder in Bezug auf ein Individuum. Da sich dieses Einführungsbuch auf interdisziplinäre Kompetenzen von Individuen fokussiert, wird die Perspektive von Kompetenz bezogen auf das Subjekt thematisiert.

Es lassen sich zwei grundlegende Zugänge im Hinblick auf die eben skizzierte Ausrichtung unterscheiden. Freilich existieren hier ebenfalls zahlreiche Ausdifferenzierungen, Abstufungen und Konnotationen, aber diese beiden können mit einiger Berechtigung als zentral angesehen werden, weshalb sie vorgestellt werden müssen:

1) Als Autoren, die sich gemeinsam eingehend mit der Kompetenzthematik beschäftigt haben, müssen John Erpenbeck und Lutz von Rosenstiel angeführt werden. Sie skizzieren Kompetenzen „als Dispositionen selbstorganisierten Handelns" (Erpenbeck und Rosenstiel 2007 (2), S. XXIII). Dabei können sich Kompetenzen zwar auf das eigene Denken beziehen, allerdings geht es fast immer um die Veränderung und Gestaltung der Umgebung. Kompetenz benötigt also die Außenwelt als Korrelat. Kompetenz zeigt sich genau in diesem Zwischen von Subjekt und Umgebung. Zum einen ist damit die Person mit ihren jeweiligen Ressourcen, ihren spezifischen Voraussetzungen in den Blick genommen, zum anderen die Umwelt. Erst die Situation bildet darin den Handlungsrahmen, innerhalb dessen Kompetenzen realisiert werden können. Bereits mit dieser Beschreibung wird deutlich, dass sich Kompetenz von Qualifikation und

Schlüsselqualifikation unterscheidet. Letztere beschreiben eher die Außenanforderungen, während erstere bereits als Denk- und Handlungsmodus in die Person übergegangen ist (vgl. Müller-Ruckwitt 2008, S. 104; Knoblauch 2010, S. 239). Danach sind Qualifikationen „Positionen eines gleichsam mechanisch abgeforderten Prüfungshandelns, sind Wissens- und Fähigkeitsdispositionen" (Erpenbeck und Rosenstiel 2007 (2), S. XVIII; Arnold 1996), die von zeitlich begrenzten Zwecken der wirtschaftlichen Verwertung der menschlichen Arbeitskraft bestimmt sind. Kompetenz ist dahingehend eher umfassend und bezieht informelle und formale Lernprozesse und -ergebnisse von Subjekten ein. Das kann positiv sein, wenn sich etwa nicht allein an einem Zertifikatswesen orientiert wird, es kann aber auch gefährlich sein, wenn irgendwie alles Leben, alle Erfahrungen als Lernen und in der Folge als Kompetenz ausgelegt werden. Damit schreitet der inflationäre Gebrauch des Begriffs voran, weshalb eine (interdisziplinäre) Verständigung erforderlich scheint.

2) Ein anderer Zugang zu Kompetenz stellt Sprache in den Mittelpunkt. Neben Noam Chomsky wird hier Jürgen Habermas als Referenzautor genannt. Chomsky (1969, 1973) stellt die Sprachkompetenz in den Mittelpunkt seiner Überlegungen und skizziert diese als „die Fähigkeit von Sprechern und Hörern, mit Hilfe eines begrenzten Inventars von Kombinationsregeln und Grundelementen" (Erpenbeck und Rosenstiel 2007 (2), XVIII) alle möglichen Sätze zu bilden (vgl. Chomsky 1980; Weinert 2001, S. 47f.). Die Fähigkeit im Umgang (Verstehen und Anwenden) von Sprache wird so zu einem ersten Orientierungspunkt für die gesamte Kompetenzdebatte. Daneben wird das Modell des „kommunikativen Handelns" genannt, welches von Jürgen Habermas ausgeführt wurde. „Beiden gemeinsam ist die Vorstellung einer Selbstüberzeugung der Individuen, durch welche sie in der Lage sind, in Situationen angemessen zu handeln." (Lerch 2016, S. 44) Diese Denk- und Handlungsfähigkeit von Menschen ist für komplexe Problemstellungen, die vielleicht nur von unterschiedlichen Disziplinen aus betrachtet und bearbeitet werden können, zentral.

Für die Verwendung des Kompetenzkonstrukts im Hinblick auf interdisziplinäre Herangehensweisen kann hier von einer Verbindung von Handlungspotential mit den vorhandenen Bedingungen ausgegangen werden. Während Kompetenz auf eine konkrete, meist berufliche Handlungssituation ausgerichtet ist, bezieht sich der Subjektbegriff allgemein auf das eigene Handeln:

> „Kompetenz umfasst beruflich relevante Kenntnisse (Wissen), Fähigkeiten (Können) und Einstellungen (Wollen), die selbstorganisiert und sich selbst aktualisierend im Hinblick auf die Ausführung konkreter Handlungen (Zuständigkeit) im situativen Kontext angewandt werden (Performanz). Im Allgemeinen wird unter beruflicher Handlungskompetenz eine Kombination von Fach-, Methoden-, Sozial- und Selbstkompetenzen verstanden." (Bender 2003, S. 22)

Als Subjekt wird für den vorliegenden Kontext eine Person verstanden, die sich selbst zu reflektieren und demgemäß zu handeln in der Lage ist. Es benötigt Willen, Wissen, Können.

> „Ein Subjekt ist in der Lage, sich zu diesen Bewegungen zu verhalten, d. h. sich diesen Bestimmungen bewusst zu werden, sie zu akzeptieren, sie für sich zu nutzen oder sie zu ignorieren. Allein aber durch das Nachdenken über die Strukturen und das Handeln in der Welt ist das Subjekt eben nicht Spielball fremder Mächte, sondern eignet sich seine Welt an." (Lerch 2016, S. 81)

Ein Subjekt ist etwa durch Sprache in der Lage, sich von sich zu distanzieren, von es umgebenden und beeinflussenden Bedingungen zu abstrahieren, zumindest temporär, und so in veränderter Weise wieder zu sich und zur Welt zu kommen. Das Subjekt ist dabei aber vielleicht noch nicht vollends verzwecklicht, sondern – anders als in einem beruflich dominierten Kompetenzdenken – durchaus noch in der Lage, sich selbst anzusprechen.

Für das Kompetenzdenken ist zentral, dass das Subjekt häufig in den Dienst fremder Interessen genommen wird. Eine zur Kompetenz erhobene Fähigkeit kann von hinreichender Komplexität sein und jenseits automatisierter Routinehandlungen liegen. Zudem muss sich der Kompetenzträger/die -trägerin die entsprechende Handlung selbst zutrauen. Insgesamt umfasst der Kompetenzbegriff hier folgende Dimensionen:

(1) den Akteur/die Akteurin (mit Fähigkeiten, Wissen, Verstehen, Können, Wollen, Selbstüberzeugtheit), (2) das Verhältnis von System und Kontext (Befugnis, Berechtigung, Zuständigkeit) sowie (3) die (materiellen) Ressourcen (vgl. ebd., S. 13). Neben diesen Merkmalen ist es für eine Beschäftigung mit interdisziplinären Kompetenzen erforderlich, Überschneidungen und Abgrenzungen zwischen den Kompetenzarten zu verdeutlichen, die in der allgemeinen Rede um interdisziplinäre Kompetenzen zusammenfallen.

Überträgt man diese Merkmale auf interdisziplinäre Kompetenzen, dann kann für Studieren und Arbeiten festgehalten werden: Zum interdisziplinären Arbeiten muss eine bestimmte Neigung, eine Bereitschaft sowie eine Haltung vorhanden sein. Diese kann in den Personen selbst begründet sein oder von außen (etwa durch bestimmte Problemstellungen) ausgelöst werden. Daneben müssen spezifische Kenntnisse vorhanden sein (z. B. das eigene Fachwissen, aber auch die Grenzen der zugehörigen Disziplin oder das Wissen um Zwischenräume, in denen sich verschiedene Disziplinen begegnen können). Zudem muss die interdisziplinäre Beschäftigung erlaubt oder erwünscht sein, was etwa durch das Beharren auf Standards der eigenen Disziplin o. Ä. behindert wird. Und schließlich werden interdisziplinäre Kompetenzen in konkreten Prozessen, Handlungen oder in Produkten sichtbar. So kann etwa die Bereitschaft und die Befähigung, sich mit anderen Fachkulturen über einen Aspekt auszutauschen, deutlich werden (z. B. Bildung in Kunst und Erziehungswissenschaft). Einschränkend sei hier mit einem Verweis auf den vorher skizzierten Aspekt eines spezifischen interdisziplinären Denkstils angemerkt, dass der Aspekt der Performanz in diesem Verständnis nicht zwingend vorliegen muss. Eine bestimmte Herangehensweise, eine spezifische Haltung im Umgang mit sich, Anderen oder Themen kann, muss aber nicht nach außen sichtbar sein oder werden.

Daneben muss eine Schwierigkeit der Kompetenz benannt werden, die für den Zusammenhang der Interdisziplinarität virulent ist. Eben weil der Kompetenzbegriff in allen möglichen Disziplinen und „Welten" umherschwirrt und benutzt wird, wird er doch höchst unterschiedlich verstanden. Exemplarisch sei die Erziehungswissenschaft als Disziplin angeführt. Innerhalb der Fächer Berufs- und Wirtschaftspädagogik, Erwachsenenbildung, Medienpädagogik oder Schulpädagogik beispielsweise wird der Begriff verwendet, wenngleich die jeweiligen Vertreterinnen und Vertreter der einzelnen Fächer bereits in sich und in Austausch mit den anderen Fächern ggf. unterschiedliche Verständnisweisen von Kompetenzen zugrunde legen. So gehen etwa bestimmte Personen von Schulpädagogik oder Wirtschaftspädagogik von einem psychometrischen Verständnis aus, was eine Messung von Kompetenzen zulässt (vgl. Kunter, Seidel & Artelt 2015; Zlatkin-Troitschanskaia et al. 2016). Dagegen zweifeln andere Vertreterinnen und Vertreter der Berufs- und Wirtschaftspädagogik und der Schulpädagogik gerade das wiederum an (vgl. Dehnbostel 2010; Ladenthin 2011). Gleiches gilt für Personen der Erwachsenen- und Weiterbildung (u. a. Hof 2002; Bender 2004). Dies korreliert möglicherweise mit bestimmten akademischen Ausbildungen, Vor-Prägungen, Herangehensweisen usw., was bereits anhand einer exemplarisch ausgewählten Disziplin deutlich wird; dies kann auf andere Disziplinen (vgl. Lerch 2013) und den disziplinübergreifenden Austausch ausgeweitet werden.

Es zeigt sich, dass eine Dimensionierung von interdisziplinären Kompetenzen (vgl. Kap. 3.1.3 Dimensionen von Disziplinarität und Interdisziplinarität) notwendig und sinnvoll ist. Zum einen werden allgemeine Kennzeichnungen sichtbar, die in allen Disziplinen bedeutsam und vorhanden sind, zum anderen wird dadurch gleichsam ein interdisziplinärer Dialog zwischen den Disziplinen grundsätzlich möglich. Um Kompetenzen noch weiter zu bestimmen, nutzt ein Blick auf die gemeinhin übliche Ausdifferenzierung.

Fach-, Methoden-, Sozial-, Selbstkompetenz und ihre Bezüge zur Interdisziplinarität

Kompetenz wird am häufigsten unterteilt in Fach-, Methoden-, Sozial- und Selbstkompetenz (u. a. Roth 1971, S. 180). Diese werden hier sehr knapp, auch in ihren Bezügen zur Interdisziplinarität skizziert, weil sie gewissermaßen nur die Rahmenbegriffe bilden und sich die begriffliche Schärfung der jeweiligen Kompetenzdimensionen im Fortgang der Arbeit vollzieht.

Fachwissen und *Fachkompetenz* stellt noch immer die Basis jeder Ausbildung dar. Sie ist unabhängig von der grundständigen Disziplin, dem weiterführenden Fach usw. zentrales Merkmal des Studiums und später auch in der beruflichen Praxis selbstverständliches Refugium der jeweiligen Akteurinnen und Akteure. Allerdings tritt dieser Bereich in starke Konkurrenz zu den anderen Kompetenzfeldern, was sich u. a. daran zeigt, dass in Einstellungsgesprächen das Fachwissen sehr häufig als gegeben vorausgesetzt wird. Hier wird auf Zeugnisse und Zertifikate verwiesen, die genau das belegen (würden). Das fachliche Wissen tritt daher etwas zurück; stattdessen wird geprüft, wer mit welcher Ausrichtung in einen bestimmten Arbeitsbereich, in ein Team usw. passt.

Um diese Passfähigkeit festzustellen, werden zahlreiche Instrumente der Personalauswahl und -entwicklung eingesetzt, die neben sozialen und personalen auch *methodische Kompetenzen* in den Blick nehmen. Diese können die Fähigkeit zur Problemlösung, zum Überzeugen oder zum Präsentieren meinen. Gerade an disziplinären Schnittstellen werden diese Kompetenzen bedeutungsvoll, da Menschen miteinander in Kontakt gebracht werden, sich austauschen und an einem gemeinsamen Ergebnis arbeiten sollen. Hierzu ist eine Übersetzungsleistung erforderlich, um das Ansprechen und Einbinden aller Akteurinnen und Akteure in interdisziplinären Kontexten zu gewährleisten. Nicht alle Beteiligten verfügen nun über diese Kompetenzen, weshalb bestimmte Rollen vor der gemeinsamen Arbeit festgelegt oder während der Arbeit bestimmt werden müssen (vgl. Kap. 5.2 Interdisziplinäres Arbeiten anregen und begleiten: Möglichkeiten und Methoden).

In ähnlicher Weise verhält es sich mit *sozialen Kompetenzen*. Sie sind häufig Voraussetzung für interdisziplinäre Lernprozesse, Forschung, Lehre und Praxis, sie werden aber teilweise erst durch interdisziplinären Austausch hergestellt. Soziale Kompetenzen besitzen eine gewichtige Stellung im interdisziplinären Kontext. Dies wird allein daran deutlich, wenn an Verständigung und Austausch sowie an Respekt und Haltung von Verantwortlichen aus unterschiedlichen Disziplinen gedacht wird. Daneben können hier Empathie oder Konfliktfähigkeit (im Sinne des Aushaltens und Lösens von Differenzen) genannt werden. Allerdings ist anzumerken, dass gerade für das Feld der Interdisziplinarität viele der sozialen Kompetenzen auch den personalen zugeordnet werden könnten. Die Übergänge sind fließend.

Selbstkompetenz kann zweierlei meinen. Es kann als gelingender Umgang mit dem eigenen Ich beschrieben werden, das in unterschiedlichen beruflichen und privaten Feldern verwoben ist, in denen und durch die der Mensch zu dem wird, was er ist; daneben kann es als beruflich relevante Größe betrachtet werden, unter der versucht wird, auf bislang weniger genutzte Potentiale von Menschen für unternehmerisch relevante Interessen zurückzugreifen. In beiden Fällen steht das Subjekt dabei zwischen eigenen Absichten, Motivationen und Lernbegründungen und den Erwartungen der Gesellschaft oder den Anforderungen der Arbeitswelt. Es muss diesen Spagat meistern. Hierzu können genau jene Selbstkompetenzen (personale Kompetenzen) beitragen. Zumeist werden darunter verstanden: Reflexionsfähigkeit, Verantwortungsbewusstsein, Ambiguitätstoleranz, Flexibilität, Eigeninitiative, Organisationsfähigkeit oder Gestaltungswille (zur Ausdifferenzierung dieser Kompetenzen vgl. Lerch 2016, S. 123–176). Solche Selbstkompetenzen sind für interdisziplinäres Arbeiten und Forschen von Bedeutung, weil die an solchen Formen beteiligten Subjekte nicht nur für das Tun selbst diese Fähigkeiten benötigen, sondern weil sie in hohem Maße mit ihrer eigenen Person gefordert sind. Es gilt, disziplinäre Vorannahmen, Denkweisen und Herangehensweisen bezogen auf die eigene Person auszuhalten und sich dabei als Instrument der Arbeit zu verstehen. Das intendieren auch Unternehmen, indem sie diese in erhöhter Weise aufzunehmen versuchen (u. a. Jahresgespräche, Assessement-Center, Projektarbeit). Gleichwohl beinhaltet Selbstkompetenz aber auch und noch immer einen individuellen Mehrwert: Sie meint den sinnvollen und gelingenden Umgang des Ichs mit sich. „Durch eine Stärkung der Person kommt es möglicherweise zur Förderung von Selbstkompetenz(en) als über eine rein berufliche Verwertbarkeit hinausweisende Gestaltungschance. Somit kann das Subjekt lernen, sich selbst zu verwandeln." (Lerch 2016, S. 245) Gerade in interdisziplinären Kontexten, in denen immer wieder neu gedacht und sich bestimmten Themen und gemeinsam relevanten Fragestellungen gegenüber geöffnet werden muss, erhält die Bereitschaft und die Fähigkeit der „Verwandlung" Relevanz. Damit ist gleichsam nicht gemeint, dass sich die beteiligten Personen auflösen oder beliebig werden, sondern es meint gerade das Gegenteil: Subjekte sollen sich in interdisziplinäre Prozesse einmischen, sie sollen angeregt und irritiert werden und dies selbst tun. Sie benötigen eine spezifische Bereitschaft, Neugier und Haltung, interdisziplinär zu arbeiten.

Als Zwischenbilanz lässt sich festhalten: Offenkundig sind auch „interdisziplinäre Kompetenzen" eine Zusammensetzung aus unterschiedlichen Aspekten personaler, sozialer, fachlicher und methodischer Kompetenzen. Je nach Verwendung kann etwa Verantwortungsfähigkeit, Kommunikationsfähigkeit oder Methodenkenntnis in einem bestimmten Bereich zu einer interdisziplinären Kompetenz werden. Sowenig es *die* „interdisziplinäre(n) Kompetenz(en)" per se gibt, sowenig gibt es genaue Zusammensetzungen von eben jenen Kompetenzen, von denen man dann sagen könnte, dass diese notwendig sind, um sie als interdisziplinär zu bezeichnen. Stattdessen scheint etwas Anderes entscheidend zu sein, damit berechtigterweise von interdisziplinären Kompetenzen gesprochen werden kann: der Kontext und das Fach/die Disziplin. Rahmenbedingungen und der (Denk-)Raum also sind wichtige Faktoren auf dem Weg zu interdisziplinären Kompetenzen.

3.2.3 Begriffliche Schärfungen

Ein gemeinsames Verständnis von interdisziplinären Kompetenzen der Akteurinnen und Akteure der jeweiligen Fächer und Disziplinen ist wichtig, ohne dabei notwendigerweise die historisch oder disziplinär gewachsenen Zugänge oder Sichtweisen von Kompetenz aufgeben zu müssen, denn wie sonst könnte eine echte, gemeinsame Kommunikation möglich sein und wie sonst würden methodisch-didaktische Settings (u. a. Projektarbeit, Präsentationen) zur Einübung (interdisziplinärer) Kompetenzen sinnvoll eingesetzt werden können (vgl. Kap. 5.2 Interdisziplinäres Arbeiten anregen und begleiten: Möglichkeiten und Methoden). Der Zugewinn von interdisziplinären Kompetenzen könnte daneben darin bestehen, dass

„das Problem-Wahrnehmungsvermögen disziplinär arbeitender Wissenschaftler (Mittelstraß) wie auch deren Sensibilität für die Leistungen und Grenzen ihrer Zuständigkeit [erhöht wird, SL]: Interdisziplinarität [fungiert dann, SL] als Medium der Selbstreflexion und Selbstkontrolle der wissenschaftlich-technischen Welt" (Kocka 1987, S. 10).

Interdisziplinäre Kompetenzen übernehmen zunehmend eine Funktion zur Verbindung verschiedener Disziplinen, unterschiedlicher Verständnisweisen, von Theorie und Praxis, Wissenschaft und Öffentlichkeit uvm. Dabei ist jedoch noch unbestimmt, inwieweit interdisziplinäre Kompetenzen ganz exakt definierbare (und dann auch förderbare oder feststellbare) Einzelkompetenzen (wie Kommunikationsfähigkeit, Empathie) sind oder inwieweit sie viel eher eine bestimmte Haltung im Umgang mit der eigenen und anderen Disziplinen meinen. Daneben ist zu berücksichtigen, dass vielleicht nicht *die* interdisziplinären Kompetenzen existieren, aber bestimmte soziale, personale, fachliche und methodische Kompetenzen (u. a. Ambiguitätstoleranz, sprachliche Fertigkeit, Perspektivwechsel) durchaus solche sind, die eine hohe Bedeutung für das Feld der Interdisziplinarität besitzen. Aus den bis dato aufgezeigten Aspekten sind drei Varianten denkbar, das Verhältnis von Interdisziplinarität und Kompetenz zu bestimmen:

1) Interdisziplinarität führt zu genuinen Kompetenzen. Damit ist gemeint, dass eine bestimmte disziplinübergreifende oder -verschränkende Haltung und Herangehensweise bestimmte Einzelkompetenzen ausprägt, von welchen aus dann wiederum mit Berechtigung gesagt werden kann, sie seien für interdisziplinäre Arbeitsweisen wichtig. Über eine gemeinsame Verständigung, Forschen und Arbeiten kann etwa insbesondere Empathie, Perspektivwechsel, Kommunikationsfähigkeit oder Kritikkompetenz (vgl. Lerch 2016) gefördert werden.

2) Bestimmte Kompetenzen führen zur Interdisziplinarität. Verfügen Personen über solche Denk- und Herangehensweisen, etwa Verantwortungsfähigkeit, Kommunikationsfähigkeit oder die Bereitschaft, sich gegenüber neuen oder anderen Meinungen zu öffnen, kann Interdisziplinarität angestoßen werden. D. h. einzelne Kompetenzen

regen zu disziplinübergreifenden Handlungen an und erzeugen Interdisziplinarität.

3) Interdisziplinäre Kompetenzen existieren als solche. Dieser Zugang würde bedeuten, dass etwa Ambiguitätstoleranz, d. i. das Aushalten unterschiedlicher Standpunkte, oder Argumentationsfähigkeit als immerwährendes Neubestimmen und In-Übereinkunft-Bringen von sich teils widersprechenden Aussagen eo ipso bereits interdisziplinäre Kompetenzen sind. Sie liegen im Raum zwischen Disziplinen und Personen und bedürfen aufgrund ihrer Position keiner weiteren Ausdifferenzierung.

Dieser Systematisierungsvorschlag kann durch einen weiteren Ordnungsversuch ergänzt werden. Interdisziplinäre Kompetenzen nämlich nehmen bestimmte Dimensionen auf, durch die sie insbesondere zu dem werden, was sie sind. Diese Dimensionen schließen zum einen an Definitionsversuche zur Interdisziplinarität (vgl. Kap. 3.1 Interdisziplinarität – Grundlegende Skizzierungen) an, sind zum zweiten für die Ausformungen als Denkstil und als Einzelkompetenzen zu gebrauchen; zum dritten sind sie über empirische Einblicke (u. a. in Modulhandbücher und Projektergebnisse, vgl. Bender, Lerch & Scheffel 2014) gewonnen und stellen einen übergeordneten neuartigen Orientierungsversuch für Wissenschaft und Praxis dar. Im Einzelnen sind dies die Dimensionen: (1) Raum, (2) Zeit, (3) Gegenstand, (4) Sprache und (5) Selbst.

(1) Raum
Raum ist eine wichtige und zugleich abstrakte Größe im Kontext der Interdisziplinarität. Gemeint ist mit Verweis auf Interdisziplinarität hier ein institutioneller bzw. organisatorischer Ort (vgl. Balsiger 2005, S. 227) und zudem ein Raum, an dem Gedanken unterschiedlicher Art zusammenkommen. Letzteres kann auch durch reale Raumgestaltung unterstützt werden, etwa indem Diskussionsräume, Plenarsäle, Großraumbüros etc. angelegt werden, um Austausch zu fördern. Um Raum im Hinblick auf Interdisziplinarität weiter auszuleuchten, nutzt ein Blick in unterschiedliche Disziplinen. In der Philosophie ist er einerseits als notwendige Vorstellung und Voraussetzung für Erfahrungen

beschrieben und andererseits als dinglich, geographisch lokalisierbar oder als konkretes Volumen von Dingen. In der Soziologie wird Raum als Begriff und Phänomen ebenfalls immer wieder diskutiert (vgl. Löw 2001) und auch in der Erwachsenenbildung wird Raum neuerdings aufgenommen (vgl. Kraus et al. 2015). Dabei wird diagnostiziert, dass das Thema in Lernorten, Bildungslandschaften oder Lernenden Regionen bereits begrifflich enthalten ist, zudem aber auch Lernen als soziales Handeln verstanden werden kann, das in räumliche und zeitliche Strukturen eingebettet ist.

In der interdisziplinären Arbeit erscheint es sinnvoll, den Raum als Spielraum von Erfahrungen und Gesetzmäßigkeiten gleichermaßen zu betrachten. Erfahrungen, die individuell, biographisch-spezifisch verlaufen, sind gleichsam Vorstellungsräume, deren Grenzen nur in den Lebensräumen der Einzelnen zu finden sind. Raum im Sinne von Logik und Gesetzmäßigkeiten (z. B. disziplinäre Perspektiven) folgt hingegen strukturellen Rahmungen. Eine gemeinsame Sprache kann helfen, der Unendlichkeit von Vorstellungen (geistigem Freiraum), von Konturen und von Identitäten einen Verständnisraum zu geben. Durch Sprache erfährt interdisziplinäre Zusammenarbeit einen sinnhaften sowie verhandelbaren Rahmen, einen Raum, der Freiräume für Entwicklungen zulässt, aber ebenso zielorientiert ist. Aus der Sprache resultiert insofern ein Zwischenraum für Synergieeffekte. Transmitter wie beispielsweise das Internet können dabei helfen, zeitlich-räumliche Hürden zu überbrücken, indem sie „grenzenlosen" Austausch ermöglichen. Solche Entgrenzungen erfordern das Operieren und Annehmen von disziplinären Räumen und von Kontextbedingungen.

> „Jede Struktur ist selektiv. Der Unterschied zwischen einer disziplinären Struktur und einer angeblich interdisziplinären ist nicht eine mystische Nähe oder eine bessere Anpassung an die ‚Realität' der letzteren, sondern er besteht in den Gründen und Umständen, durch die diese Strukturen allererst gebildet worden sind gegenüber neuen, die sich später eingestellt haben." (Weingart 1997, S. 527)

Grenzen per se schließen aus oder ein, markieren soziale, geographische, finanzielle, materielle oder disziplinäre Räume. Sie sind daher für Interdisziplinarität bedenkenswert.

(2) Zeit

Interdisziplinäre Projekte bedeuten aufgrund des organisatorischen Aufwands einen hohen zeitlichen Aufwand. Das hängt mit notwendigen Aushandlungsprozessen und Abstimmungsbedarf zu Arbeitsformen und -weisen zusammen sowie mit der konkreten Arbeit in und am Projekt. Zeit wird hier vor allem in Sinne von Arbeitszeit oder Lernzeit verstanden und weniger als Dimension menschlichen Lebens insgesamt (zur Ausdifferenzierung von Zeit in der Erwachsenenbildung vgl. Schmidt-Lauff 2008). Zumeist sind Reibungen und Aushandlungen auf bestimmte disziplineigene Arbeitsweisen und damit verbunden auch auf Vorbehalte, sich anderen Disziplinen gegenüber zu öffnen, zurückzuführen. Daneben ist Zeit ein Phänomen, welches für Interdisziplinarität bedeutungsvoll ist, weil es Zeit bedarf, sich auf andere Personen, Denkweisen, gemeinsames Tun etc. einzulassen und mit Machtverhältnissen umzugehen. Interdisziplinarität erfordert Zeit. Aber gerade solche Zeit fehlt immer wieder in unterschiedlichen Kontexten: So sind bisweilen Modulhandbücher und Lehrpläne dicht formuliert, Projekte müssen zu gesetzten Terminen fertig werden oder es soll produktorientiert und weniger prozessorientiert gearbeitet werden. Es würde sich empfehlen, gerade im Kontext von Interdisziplinarität mehr Zeit zur Verfügung zu stellen, da auch die Wege, Umwege und Sackgassen von Denken und Tun für gelingende Interdisziplinarität maßgeblich sind. Bezogen auf interdisziplinäre Kompetenzen gilt das ebenso, denn Kommunikationsfähigkeit oder Ambiguitätstoleranz müssen immer wieder erprobt, ausgehandelt und auf einer Meta-Ebene besprochen und ausgewertet werden. Dazu bedarf es ebenso Zeit wie der Schulung bestimmter Denkweisen. Letztere können nicht einfach gelehrt und gelernt werden, sondern könnten über lebens- und lerngeschichtliche Hintergründe in den Fokus geraten (vgl. Kap. 5.1 Interdisziplinäres Wahrnehmen ausbilden und fördern: grundlegende Bedingungen). Interdisziplinarität muss erfahren werden und kann durch die Konfrontation mit anderen und fremden Denkstilen als Bildungsprozess von Individuen angesehen werden. Es gilt hier, dass Zeit ein kostbares Gut ist und eher auf Prozesse als auf Produkte des gemeinsamen Tuns geachtet werden könnte. Diese Zeit jedoch müssen sich beispielsweise Mitarbeitende nehmen, und sie muss ihnen gegeben werden. Erst durch eine Distanzierung von Inhalten und Produkten werden Prozesse sichtbar, können neu bestimmt oder bestätigt werden. Im alltäglichen Handeln aber ist hierfür nicht immer Zeit. Gerade daher erscheint es lohnenswert, interdisziplinäre Arbeit zu strukturieren und auch für individuellen und gemeinsamen Austausch über Prozesse Reflexionsplattformen und -schleifen bereitzustellen. Dabei geht es um das Sichtbarwerden von Ungesagtem, von Brüchen, von unterschiedlichen Herangehensweisen und Sprachgewohnheiten und weniger um den zu bearbeitenden Gegenstand selbst.

(3) Gegenstand

Auf die zentrale Bedeutung eines gemeinsamen Problems, einer für alle Beteiligten relevanten Fragestellung wurde bereits ausreichend hingewiesen. Zunächst und ganz allgemein ist ein Gegenstand etwas, vielleicht ein Objekt oder ein Thema, an dem gearbeitet wird. Dieser Gegenstand kann von unterschiedlichen Perspektiven aus betrachtet und mit jeweiligen Methoden bearbeitet werden. Manchmal bleibt es bei unterschiedlichen Blickwinkeln, manchmal stellt sich ein gemeinsames Suchen nach unterschiedlichen und gemeinsamen Perspektiven ein. Das Tun am Objekt hat wiederum Folgen für das Subjekt. Zur Veranschaulichung nutzt ein Blick in die Kunst. Das Schaffen und Wirken an einem Objekt hat Auswirkungen auf den zu bearbeitenden Gegenstand, hat zugleich aber Rückwirkungen auf das Selbst. Aus der Objektkunst wird mit Einschränkungen eine Subjektkunst (vgl. Lerch 2010, S. 156). Einen Gegenstand zu begehen und ihn von allen Seiten begehbar zu machen, erfordert nicht nur bestimmte Haltungen der jeweiligen Subjekte, sondern auch disziplinäre Bereitschaft, sich auf derartige Prozesse einzulassen und den Mut, mit und durch andere Perspektiven zu veränderten Grundannahmen zu kommen. Interdisziplinärer Austausch kann dann gelingen, wenn die Akteurinnen und Akteure bereit sind, sich überraschen zu lassen und etwas bewegen wollen. Das erfordert den Mut, anders zu denken und zu handeln. Solche Erkenntnisprozesse sind im Denkkreis einer eigenen Disziplin schon mit Widerständen oder Vorurteilen behaftet, aber insbesondere in interdisziplinären Zusammenhängen ist dies nicht immer leicht zu bewerkstelligen. Das liegt an jeweiligen Fachkulturen, die vorhanden sind und nicht einfach übergangen werden können, weshalb Interdisziplinarität als eine schwache Form von Interkulturalität bezeichnet werden könnte. In diesem Sinn bedeutet Interdisziplinarität dann „Dialog", der einer Interpretation und einer Kenntnis der Grenzen bedarf. Daraus erweitert sich der Erkenntnishorizont und es entstehen Freiräume zur Identifizierung von Differenzen sowie von disziplinären Besonderheiten (vgl. Sedmak 2003, S. 12ff.). Interdisziplinarität nämlich bleibt auf die Annahme von Disziplinen angewiesen. Nur vor diesem Hintergrund ergibt sie Sinn und stellt mehr dar als eine bloße Ergänzung disziplinärer Sichtweisen auf Gegenstände.

(4) Sprache

Allgemein kann Sprache als Ausdrucksmöglichkeit des Menschen vor der Folie eines gewachsenen Zeichensystems beschrieben werden. Sprache dient als Medium der zwischenmenschlichen Kommunikation, der Verständigung der Gefühls- und Gedankenwelt, was sich wiederum in bewusst gefilterter Form von verbaler und nonverbaler Sprache und Zeichen in Handeln, Denken, Wissen und Können zeigt. Sprache und ihre Bedeutung ist abhängig von der jeweiligen kulturellen Umgebung. Im Kontext von Interdisziplinarität wird die fächerspezifische Sprache oft als Chance und Problem in Wissenschaft und Praxis thematisiert. Durch unterschiedliche Perspektiven der jeweiligen Disziplinen werden (inter-)kulturelle Kompetenzen relevant (offene Haltung, Perspektivenwechsel, Methodenvielfalt, der Umgang mit mangelndem Rückhalt aus der eigenen „Science Peergroup"). Ein Beispiel kann sein: Spricht ein Physiker von Widerständen, hat dies für Soziologen, Politologen oder Juristen eine ganz andere Bedeutung. Jede Disziplin nutzt eine eigene Terminologie, die von anderen nicht unmittelbar verwendet werden kann, denn „Sprache dient der Selbstverständigung und Herausbildung einer Identität im Fach" (Lehnen 2016, S. 23). Disziplinäre Markierungslinien durch Sprache werden anhand eines Beispiels deutlich: „Wollen sich etwa ein Mediziner und ein Theologe gemeinsam mit moralischen Implikationen der Genforschung auseinandersetzen, so ist es sofort einsichtig, dass allein die jeweils verwendete, von der anderen verschiedene Begrifflichkeit eine vorerst unüberwindliche Schranke darstellt" (Bammer 2003, S. 56).

Disziplinen verstehen unter bestimmten Termini Unterschiedliches, was zu einer Übersetzungsnotwendigkeit, vielleicht aber auch -unmöglichkeit führt. So kann etwa „Leben" in Medizin, Biologie oder Philosophie sehr Unterschiedliches bezeichnen. Daraus ergibt sich die Frage, welche Begriffe für eine interdisziplinäre Verständigung geklärt werden müssten (vgl. Reinhard et al. 1997, S. 36ff.). Das erfordert einen Umgang mit diesen ausgelösten Verunsicherungen. In der Zusammenarbeit zeigen sich außerdem noch weitere Kompetenzen (Sozial-, Kommunikations- oder Fachkompetenz), welche sich ebenfalls in Form von Sprache äußern. Unterschiedliche Perspektiven zu benennen und sie für einen Dialog bereitzustellen, ist eine wesentliche Aufgabe (vgl. Altner 2001, S. 25) der beteiligten Personen. Denn: „Es wurde offensichtlich, dass die S. [Studierenden] oft (noch) Schwierigkeiten hatten, Themen für Personen außerhalb der Psychologie verständlich und interessant aufzubereiten und Fragen sowie Anweisungen klar zu formulieren." (Bermeitinger, Flatau & Althaus 2012, S. 41)

Erweitert man diese Annahme über Studierende allgemein auf Teams, dann lassen sich interdisziplinäre Studierenden- und Arbeitsgruppen durch folgende Merkmale kennzeichnen: Austausch, Vermittlung, Information von Fachfremden, Argumente für die eigene Disziplin, Reflexion, Zuhören und der Versuch, andere Disziplinen zu verstehen (Perspektivenwechsel). Die Sprache ist somit nicht allein durch den Gegenstand bedingt, sondern auch durch Personen, Raum und Zeit. Gleichzeitig beeinflusst Sprache wiederum selbst diese Einflussfaktoren. Aufgrund von sprachlichen Unterschieden, die bereits innerhalb eines Fachs auftreten, einigt man sich oft auf die Alltagssprache (vgl. Heckhausen 1987, S. 136; Immelmann 1987, S. 87). Eine Kritik daran ist, dass diese so allgemein formuliert wird und sie damit nicht mehr wissenschaftlich sei. Andererseits kann Expertenwissen und die Sprache der einzelnen Disziplinen „transdisziplinäres" Zusammenarbeiten behindern (vgl. Sedmak 2003, S. 5), weshalb im interdisziplinären Kontext an einem einheitlichen Ausdruck gearbeitet werden muss. Zentrale Kompetenz für Interdisziplinarität scheint die Kommunikationsfähigkeit zu sein: Teamfähigkeit, Kritikfähigkeit und Lernfähigkeit bilden dazu die Grundlagen (vgl. Sedmak 2003, S. 11–13).

Interdisziplinäres Arbeiten heißt Synergieeffekte anzuregen. Dies geschieht auf Basis der Sprache, auf die sich alle Kompetenzen interdisziplinären Zusammenarbeitens zurückführen lassen. Daraus ergibt sich, dass Interdisziplinarität auch immer als Dialog der Wissenschaften sowie ihrer beteiligten Personen anzusehen ist. Gerade vor dem Hintergrund der Beteiligung unterschiedlicher Individuen auf verschiedenen Ebenen wird das deutlich: Informationen und Botschaften müssen so aufbereitet werden, dass diese verstanden werden können (vgl. Teuchert 2016, S. 32). Kommunikative Prozesse rücken somit als Basis von kollektivem und individuellem Erkennen in den Mittelpunkt. Daneben besitzt Sprache eine identitätsstiftende Funktion (vgl. Lehnen 2016, S. 23), die teilweise Professionalisierungsprozesse anzeigt und teilweise auf einen professionellen Habitus hinweist.

(5) Selbst

Wenn es um das Selbst geht, kommt man an der Philosophie kaum vorbei. Wer oder was jemand ist, kann nie oder immer gesagt werden. Wer oder was also ein Selbst ist, kann aus der Perspektive dieses Selbst eigentlich nur ungenau gesagt werden, zumal dieses Ich vielleicht nur bedingt ein Bewusstsein seines eigenen Ichs in Körper, Denken und Sein besitzt und vielleicht damit, ähnlich wie in der Kompetenzdebatte, einer Außenwelt bedarf, um zu sich „Ich" zu sagen. Was es also ist, wird sowohl in der systematischen als auch in der historischen Philosophie (und zahlreicher weiterer Disziplinen wie Psychologie, Biologie) immer wieder zum Gegenstand erhoben (vgl. Lerch 2016, S. 53). Durch immer mehr neue Kategorien und Aufspaltungen dessen, was das Selbst ist oder zu sein vorgibt, besteht dabei für das Subjekt die Gefahr, dass sich die eigene Reflexion von ihrer eigentlichen Intention des Zulassens und Erkennens eigener Gefühle, des Wollens, Denkens, Handelns, von Wertvorstellungen oder Zukunftsplänen entfernt, die damit verbunden sind.

Das Selbst wird durch derartige Aufspaltungen und Kategorisierungen in seiner Wesenhaftigkeit verkürzt. Es lässt sich als komplexes Konstrukt im Bezugsrahmen von Beziehungen und Umwelt, aber ebenso als Körper (Materie) oder als Gegenstand der menschlichen Psyche (Persönlichkeit) und dessen Identität im Wechselspiel zur gesellschaftlichen Rolle verstehen. Der Mensch als Inhaber des Ichs, der Lebensräume individuell erfährt und diese dadurch ebenso aktiv gestaltet, besitzt eine exklusive Biographie – eine Historie der Erfahrungen, die alle Einzelbausteine in sich vereint. Im Kontext interdisziplinärer Arbeit kann die Chance ergriffen werden, dieses Potential mit ihren inhärenten spezifischen Kompetenzen und Denkstilen zu nutzen. Dies kann gelingen, wenn die Deutungshoheit einzelner Denkstile zugunsten einer gemeinsamen Reflexion und Kommunikation unter Beibehaltung der Identitäten aller Beteiligten verlassen wird. Damit kann das Aushalten von Widersprüchlichem in der eigenen Person angenommen werden, was auf eine Haltung bzw. einen bestimmten Denkstil verweist. Zu einer

> „Differenz von Eigenheit und Fremdheit gehört eine unaufhebbare Präferenz des Eigenen, und dies nicht im Sinne eines Besseren und Höheren, sondern im Sinne eines Sich-unterscheidens, eines Selbstbezugs in der Beziehung, der dem Verhältnis zwischen sich und dem Anderen, zwischen Eigen- und Fremdkultur eine unaufhebbare Asymmetrie verleiht" (Waldenfels 1997, S. 74).

Diese Asymmetrie zu erkennen und auszuhalten, ist ein Aspekt interdisziplinären Studierens und Arbeitens. Inwieweit dies von den jeweiligen Akteurinnen und Akteuren umgesetzt werden kann, ist von ihnen selbst, ihren Eitelkeiten, aber auch von außen herangetragenen Bedingungen (u. a. Notwendigkeiten von Dokumentationen oder Erhöhung von Begutachtungen) abhängig.

3.3 Zusammenfassung

Der Begriff der „interdisziplinären Kompetenzen", um dessen begriffliche und semantische Besonderheiten es hier ging, wird zu einem Label der öffentlichen und politischen Diskussionen und ist zugleich in wirtschaftlichen Kontexten eine zunehmend nachgefragte Anforderung. Zusammenfassend seien drei Aspekte als Thesen herausgegriffen, um das Beschriebene noch einmal zu bündeln:

1) Mit „interdisziplinärer Kompetenz" wird verstärkt die Person und nicht mehr nur die Disziplin in den Mittelpunkt genommen. D. h., das handelnde Subjekt selbst mit seiner persönlichen und beruflichen Prägung kann zur Analyse einbezogen werden, der es um das

Durchdenken der Relationen von Person zu Person, Person zu Disziplin oder Disziplin zu Disziplin geht. Interdisziplinarität wird im Mantel der Kompetenz zur beruflichen Anforderung.

2) Daneben wird aufgrund unterschiedlicher, bereits dargelegter Annahmen deutlich, dass „interdisziplinäre Kompetenz" eine heuristische Funktion für Theoriebildung wie auch für die Ausbildung von Studierenden, für die Arbeit in der Praxis sowie für die Justierung von Organisationseinheiten bildet. Zunächst und allgemein gibt es nicht *die* interdisziplinäre Kompetenz, sondern es handelt sich eher um eine Zusammensetzung von Teilkompetenzen. Dabei sind Teamfähigkeit und Kommunikationsfähigkeit zentral, d. h. die Fähigkeiten, mit anderen Menschen zu arbeiten, die Fähigkeit, interdisziplinäre Annahmen und Denkweisen auf sich ändernde Gegebenheiten anzuwenden (vgl. Defila & Di Giulio 1998, S. 123) und sich selbst zu reflektieren (vgl. Kocka 1987, S. 10). Diese Fähigkeiten beziehen sich vor allem auf soziale und personale Dimensionen von Interdisziplinarität.

3) Dennoch besitzt eine Formulierung wie „interdisziplinäre Kompetenzen" ihre Berechtigung. Mitunter liegen solche Appelle und Lernziele dabei auf der Ebene 3 und 4 bei Jungert (vgl. Kap. 3.1.1 Formen und Grade von Interdisziplinarität), weswegen wohl eher von der Vorbereitung einer allgemeinen Interdisziplinarität gesprochen werden kann. Eine solche versucht man über Kommunikation, Wahrnehmen von eigenen und fremden Disziplinen, Methoden und Gegenständen anzuregen. Damit wird möglicherweise eine Art „Denkstil" (Fleck 1935) vorbereitet, welcher interdisziplinär ausgebildete Studierende, Forschende oder praktisch Tätige dann gerade besonders ausweist (vgl. Hauser 2012, S. 80f.; Kaufmann 1987, S. 71).

Für eine Kennzeichnung von interdisziplinärer Kompetenz ist entscheidend, dass sie sich als Konglomerat aus Fach-, Methoden-, Sozial- und Selbstkompetenzen (besonders von Teamfähigkeit, Kommunikationsfähigkeit, Reflexionsfähigkeit) beschreiben lässt. Zudem kann ein eigener „Denkstil" als Besonderheit interdisziplinärer Ausbildung und Praxis gelten und „interdisziplinäre Kompetenz" stellt eine bedingt geklärte Kategorie mit heuristischer Funktion dar.

Zusammenfassung:

- Es besteht ein Zusammenhang von Biographie und (interdisziplinärem) Denkstil.
- Jede Person vereint in sich verschiedene Denkstile. Diese sind teils unbewusst, teils bewusst sowie disziplinär und interdisziplinär.
- Denkstile werden durch Einflüsse aus den verschiedensten Bereichen gebildet, die den einzelnen Menschen umgeben.
- Durch Sprache werden Denkstile in fremde Denkkollektive übertragen und kommuniziert; Sprache ist ein wesentlicher Aspekt von Interdisziplinarität.
- Selbstreflexion, Kommunikation und Aushalten der Differenz von Eigenheit und Fremdheit sind Voraussetzungen von Interdisziplinarität.
- Interdisziplinarität ist eine Kompetenz, ein Denkstil und eine Haltung.

Weiterführende Fragen

- Wann würden Sie eine Person als kompetent bezeichnen?
- Ist die Entwicklung von (interdisziplinären) Kompetenzen irgendwann abgeschlossen oder können sie stetig weiter entwickelt werden?
- Wie würden Sie Bildung, Qualifikation und Kompetenz unterscheiden?
- Welche fachlichen, methodischen, sozialen und personalen Kompetenzen würden Sie als interdisziplinär bezeichnen? Bitte begründen Sie Ihre Auswahl!

4. Verbreitung interdisziplinärer Kompetenzen

Das vierte Kapitel beantwortet die Frage: Was bedeuten interdisziplinäres Forschen, Lehren und Lernen für Hochschulen, Unternehmen und Bildungspolitik? Hierzu werden sowohl theoretische Annahmen als auch empirische Ergebnisse vorgestellt und einbezogen. Dabei richtet sich der Blick allgemein auf Ergebnisse aus den Hochschulen (vgl. Kap. 4.1 Befunde aus Hochschulen) sowie im Speziellen auf das Segment der Forschung (vgl. Kap. 4.2 Interdisziplinäres Forschen). Daneben wird auf eine wichtige wissenschaftliche und hochschulpolitisch bedeutsame Verschiebung eingegangen, die auf das Thema der Interdisziplinarität ebenfalls Auswirkungen hat (vgl. Kap. 4.3 Vom Lehren zur Kompetenzentwicklung). Ein Resümee beendet das Kapitel (vgl. Kap. 4.4 Fazit: Relevanz für Person und Organisation).

4.1 Befunde aus Hochschulen

> „Irritationen an (eigenen) Grenzen sollten
> Resonanzen erzeugen." (Dreke 2008, S. 292)

Zur weiteren Verdeutlichung des Themas sollen Befunde aufgeführt werden, welche die Relevanz und Nachfrage des Themas aufzeigen. Dies geschieht weniger systematisch als vielmehr kaleidoskopartig, d. h., es folgt eine Zusammenschau verschiedener betrieblicher, hoch schulischer und bildungspolitischer Linien. Insbesondere werden dabei neben gewonnenen Ergebnissen aus einer Analyse von aktuellen Studiengängen zur Interdisziplinarität auch bestehende empirische Befunde aufgenommen und vereinzelt Versuche interdisziplinären Arbeitens nachgezeichnet. Dass hier nicht ausschließlich empirische Befunde im engen Sinn wiedergegeben werden können, ist begründbar: So weisen bereits Laudel und Gläser darauf hin, dass es wenige Ergebnisse zu Interdisziplinarität in empirischer Hinsicht gibt (vgl. Laudel & Gläser 1999, S. 20). Daran hat sich bis heute wenig geändert. Zwei Aspekte können genannt werden, die diesen Befund stützen: Wer und aus welcher Disziplin und in welcher Zeitschrift usw. ist befugt, etwas außerhalb einer bestimmten Disziplin liegendes, nämlich etwas Überdisziplinäres als Ergebnis bereitzustellen? Und: Die Bestrebungen zu interdisziplinärer Zusammenarbeit sind recht jung und werden gerade erst ausgeweitet. Daher können empirische Ergebnisse bisher kaum vorliegen. Zudem ist zu berücksichtigen, dass angesichts zahlreicher neuer Vorhaben, Zusammenschlüsse und Strukturveränderungen auch interdisziplinäre Projekte, Studiengänge oder Hochschulen sich zu rasch wandeln, als dass es sinnvoll wäre, diese hier in einem Einführungsbuch detailliert aufzunehmen. Daneben ist auch zu bedenken, dass solche Betrachtungen keinen vertiefenden Einblick in den tatsächlichen Ablauf von Projekten, Seminaren usw. erlauben. Allerdings ist es möglich, Tendenzen aufzuzeigen. Dazu wird zunächst auf Interdisziplinarität (1) im Feld von Organisationen eingegangen und im Anschluss (2) werden interdisziplinäre Studiengänge vorgestellt.

(1) Interdisziplinäre Forschungsverbünde oder fachübergreifende Kollegs erscheinen gegenwärtig häufig auf der universitären Landkarte. Manchmal wird Interdisziplinarität dabei als Merkmal von Forschungseinrichtungen vorangestellt. Sie ist stark nachgefragt, was nicht immer nur inhaltlich oder strukturell, sondern auch politisch begründet ist (vgl. Kap. 1.1 Interdisziplinäre Kompetenzen: Die Ausgangslage). An dieser Stelle wird weder dieser Gedanke weiter ausgeführt noch institutsinterner Organisation nachgegangen, sondern es werden einige Beispiele interdisziplinärer Forschungsorganisationen bzw. -einrichtungen aufgezeigt: So werden immer wieder Sonderforschungsbereiche der Deutschen Forschungsgemeinschaft oder verschiedene Kollegs mit dem Attribut der Interdisziplinarität gekennzeichnet; daneben existieren eine Reihe von Zentren, die ihre konkrete Arbeit interdisziplinär ausrichten.

Allein diese kleine Auswahl deutet institutionelle, strukturelle, personelle oder inhaltliche Unterschiede der Organisationen selbst an. Gepaart mit der generellen begrifflichen Unschärfe von Interdisziplinarität wird deutlich, dass eine genaue Definition nur für den spezifischen Kontext, das jeweilige Arbeitsfeld oder die konkrete Institution gelten kann. Zugleich aber ist es wenig überraschend, dass innerhalb von Institutionen und Organisationen Interdisziplinarität häufig aufgenommen wird, da sie doch mit Innovation, positivem Handeln usw. gleichgesetzt wird. Wie aber funktioniert Interdisziplinarität tatsächlich in Einrichtungen? Zum einen wird über Forschungsverbünde oder Netzwerke versucht, den innovativen (und damit bereits interdisziplinären) Gehalt zu erhöhen. Dies geschieht u. a. durch grenzüberschreitendes Handeln oder verbindendes Denken; zum anderen beinhaltet ein interdisziplinäres Tun sowohl das Potential zur Weitung als auch das der Verengung von Themen oder Herangehensweisen. Es kann sogar dazu führen, dass hieraus eine immer stärkere Spezialisierung resultiert, weil durch die Zusammenarbeit und durch das Zusammenschließen von bestehenden Zugangen oder Disziplinen immer kleinere Bereiche entstehen, die nur noch von wenigen Expertinnen und Experten erschlossen werden können (vgl. Weingart 1997, S. 526). Zudem sind Umsetzungsbemühungen interdisziplinärer Zusammenarbeit in die Organisationsform Hochschule eingebettet und werden von Individuen (Lehrende, Lernende, Dekane usw.) sowie von Kollektiven (Leitung, Fakultäten, Arbeitskreise usw.) beeinflusst (vgl. Schlager 2014, S. 198).

Geht man davon aus, dass es sich bei Interdisziplinarität weder allein um eine politische Zielsetzung, noch allein um ein Legitimationsbedürfnis, sondern auch um echte Problemorientierung handelt, dann lassen sich hiervon ausgehend einige Erkenntnisse aus dem universitären Bereich anführen: „Interdisziplinarität auf der Forschungsebene ist für Universitäten eine herausgehobene Aufgabe, und zwar vor allem mit Blick auf die Vernetzung von naturwissenschaftlichen und gesellschaftlichen Fachbereichen." (Schneewind 2012, S. 211) Beispielhaft genannt seien auf der Ebene *universitärer Zentren* etwa das „Zentrum für Technik und Gesellschaft" der Technischen Universität Berlin, das sich u. a. an den „Science, Technology and Society" (STS)-Programmen amerikanischer Elite-Universitäten wie dem Massachusetts Institute of Technology oder der Stanford University orientiert (vgl. ebd., S. 211). Ebenfalls interdisziplinär ausgerichtet ist die „Fakultät Nachhaltigkeit" der Leuphana Universität Lüneburg, die sich mit zahlreichen Lehrstühlen und Professuren bestehend aus human-, natur-, und technikwissenschaftlichen Fächern dem Thema Nachhaltigkeit widmet. Ein ähnliches Beispiel kann im Programm „Globale Herausforderungen der technologischen Zivilisation" der TU Darmstadt gesehen werden (vgl. ebd., S. 212).

Solche Zusammenschlüsse entstehen manchmal eher zufällig oder beiläufig, manchmal aufgrund einer bewusst gesetzten universitären Initiative. Sie können thematische Ausrichtungen von Universitäten prägen, aber auch innerhalb einer Universität eine herausgehobene (oder weniger bedeutende) Rolle einnehmen. Sie bilden in einer Forschungslandkarte Waben, Zentren und Ausläufer, die im zeitlichen Verlauf immer wieder verändert sichtbar werden. Auch daher erscheint es ratsam, hier keine zeitlich begrenzte Bestandsaufnahme etwa zu interdisziplinären Zentren mit Themen wie „Evaluation und Methoden", „Überfachliche Kompetenzen", „Dialekte und Sprachvariationen" vorzunehmen. Eine Suche nach mehr oder weniger eindeutigen Befunden entfällt somit. Stattdessen sollen Merkmale und Raster benannt werden, die herangezogen werden können, um im eigenen theoretischen, praktischen oder empirischen Interesse Interdisziplinarität auszudeuten und anzuwenden.

Zur Orientierung sind folgende Aspekte hilfreich:

- *Beteiligte Fakultäten*: Insgesamt ist auffällig, dass häufig philosophische Fakultäten interdisziplinäre Studiengänge anbieten. Das kann auf unterschiedliche Weise gedeutet werden: Zum einen ist es denkbar, dass durch die vielseitige Ausrichtung der Philosophie die Möglichkeit in besonderem Maße besteht, sich in andere Themenbereiche einzumischen und diese mitzugestalten. Zum anderen könnte es aber auch so interpretiert werden, dass es, etwa um die Bedeutung im universitären Geflecht weiterhin aufrecht zu halten, notwendig wird, mit anderen Fakultäten und Instituten zu kooperieren und sich über Themen stark zu machen. Zudem kann hier bemerkt werden: Wenn ein interdisziplinärer Studiengang nur über eine Fakultät angeboten wird, erweckt dies den Eindruck einer organisational nicht ganz so weit angelegten Interdisziplinarität. Um ein Beispiel zu nennen: Der Studiengang „Theologie im Dialog" (Universität Paderborn) setzt sich aus Absolventinnen und Absolventen verschiedener

Religionswissenschaften zusammen, wird aber nur von einem Institut geleitet.

- *Wissenschaften*: Es existieren unterschiedliche Zusammensetzungen von beteiligten Wissenschaften. Dabei fällt auf, dass einige Zusammenschlüsse mit der ersten Wissenschaft, der Philosophie, bestehen. Daneben haben Verbünde zwischen Natur- und Geisteswissenschaften sowie von Ingenieur- und Naturwissenschaften (vgl. Kap. 3.1.2 Überschneidung und Abgrenzung von Fach und Disziplin) einen hohen Anteil an interdisziplinären Zusammensetzungen. Manche Wissenschaften scheinen sich für einen interdisziplinären Dialog besonders zu eignen, weil entweder deren Ränder Anschlussmöglichkeiten signalisieren oder die disziplinären Kerne dieser Disziplinen selbst bereits eher interdisziplinären Charakter besitzen, was eine Nähe zu anderen Disziplinen wiederum erleichtert.

- *Studiengang*: Masterstudiengänge bilden das Gros von Studiengängen mit interdisziplinärer Ausrichtung. Dies ist wenig überraschend und wird bestärkt durch die häufig vorgetragene Annahme, dass fachliche Kenntnisse die Basis für interdisziplinäres Denken bilden. So werden etwa vertiefende Masterstudiengänge angeboten, z. B. interdisziplinäre Sachkunde für Bildungswissenschaften. Im Rahmen der Bachelorstudiengänge werden eher allgemeine Themen aufgenommen, die interdisziplinär angelegt sind, z. B. Ökonomie, internationale Zusammenhänge (Politik, Geschichte, Sozialwissenschaft, Sprachwissenschaft).

- *Studienaufbau*: Um für die eigene Praxis Anschlussfähigkeit auf der Basis von Modulhandbüchern interdisziplinärer Studiengänge (z. B. zum Studienaufbau) herzustellen, müssten diese jeweils im Einzelfall geprüft werden. Und mehr noch: Es müssten die jeweils beschriebenen Seminare genauer beleuchtet werden, denn häufig scheint nicht klar zu sein, wie in den einzelnen Veranstaltungen Interdisziplinarität tatsächlich erreicht werden soll (u. a. im Hinblick auf die Verschränkung zu anderen Arbeitsgruppen/Lehrenden/Studierenden; Themensetzung und -bearbeitung). Über Formulierungen zum Studienaufbau nach der Art „der Masterstudiengang X setzt sich aus

Absolventinnen/Absolventen unterschiedlicher Disziplinen zusammen", „der Bachelorstudiengang befasst sich mit einer Disziplin und impliziert ein Integrationsmodul (z. B. Projekt, Seminar, Ringvorlesungen)" oder „ein Studiengang (Bachelor oder auch Master) setzt auf eine Grundausbildung in einer Disziplin und bietet die Möglichkeit der eigenen Profilschärfung" kann nur bedingt über den tatsächlichen Grad der Verzahnung mehrerer Disziplinen geschlossen werden.

Neben anwendungsnaher oder theoretisch basierter Lehre und Forschung geht es innerhalb dieser Ausrichtungen auch um das Ausbilden bestimmter Sichtweisen von Studierenden. Dabei ist die Orientierung an der Berufspraxis oft besonders wichtig. Wenn Interdisziplinarität in der Lehre angestrebt wird, wird fokussiert, „Studierenden, auf der Basis wissenschaftlich fundierter Erkenntnisse eine Ausbildung im Kontext einer fächer- und disziplinübergreifenden Perspektive zu ermöglichen" (Schneewind 2012, S. 212). Häufig geschieht dies unbewusst, etwa in der Kombination von Haupt- und Nebenfächern, von Kern- und Beifach, manchmal wird das aber auch bewusst in Studiengänge oder Modulhandbücher implementiert. „Ob es dabei allerdings zu einer interaktiven Interdisziplinarität kommt, […], steht auf einem anderen Blatt" (ebd., S. 212), denn unabhängig davon, ob sich eher auf Denkstil oder auf Kompetenzen gestützt wird, muss diese Kombination von Lehrenden und Lernenden gelebt, aber auch von Strukturen ermöglicht und begleitet werden.

(2) Interdisziplinarität begünstigende Strukturen sind implizit vorhanden, können aber auch ganz bewusst bereitgestellt und erzeugt werden. Eine Variante ist die explizite Einführung von interdisziplinären Studiengängen. Gegenwärtig existieren eine ganze Menge von Studiengängen, die entweder interdisziplinär zusammengesetzt sind (z. B. über Fächer, Lehrende und Studierende, wie etwa Europastudiengänge an der Fern-Universität Hagen sowie an den Universitäten Bonn, Bochum oder Osnabrück). Daneben werden durch unterschiedlichste Projekte (u. a. Vollautomatisiertes Müllsammelsystem für große Flächen, Darmstadt (2015), unter Beteiligung von Maschinenbau und Wirtschaftswissenschaft) interdisziplinäre Denkweisen erprobt. Und

schließlich werden auch Studiengänge implementiert, die auf die Förderung und den Erwerb von Interdisziplinarität bzw. von interdisziplinären Kompetenzen setzen (u. a. Der Coburger Weg, 2012–2020,
Hochschule Coburg). Eine zentrale Stärke von interdisziplinären Studiengängen, die bereits während der Ausbildung auf interdisziplinäre
Kompetenzen ausgelegt sind, liegt sicherlich in einer bestimmten Seh-
und Denkweise (vgl. Kap. 3.2.1 Interdisziplinarität als Denkstil), auf
der themenbezogenen und zugleich themenübergreifenden „Anwendung von Wissen sowie auf [...] [der] Reflexion der Lern- und Denk-
prozesse" (Weißköppel 2014, S. 141).

Zusammenfassung: Aus diesem kleinen Einblick in Studiengänge mit
interdisziplinärer Ausrichtung (vgl. auch Brink 2014) kann abgeleitet werden: Auf inhaltlicher Ebene ist nicht mehr nur eine Verschränkung von Sozial- und Geisteswissenschaften intendiert, sondern es
werden mehrere Fächer mit unterschiedlicher Ausrichtung kombiniert
oder es gibt eine starke Orientierung an Alltagsphänomenen (u. a. Gerechtigkeit, Mobilität, Medien); auf struktureller Ebene lässt sich festhalten, dass ganz unterschiedliche Akteurinnen und Akteure beteili-
ligt sein müssen, um interdisziplinäre Strukturen oder Studiengänge in
hochschulische Gebilde zu implementieren. Solche strukturellen Neuerungen müssen initiiert, immer wieder neu ausgerichtet und gema-
nagt werden. Nicht immer läuft so etwas ohne innere und äußere Widerstände oder Diskussionen ab. Allerdings können Hochschulen oder
gar Regionen von interdisziplinär zusammengesetzten Fakultäten oder
eben Studiengängen profitieren; dann nämlich, wenn es nicht nur um
Vermarktungsaspekte geht, sondern der inhaltliche Gewinn überwiegt
und derart ertragreich ist, dass das Kennzeichen der Interdisziplinarität
ein besonderes Merkmal ausmacht. Dies kann Auswirkungen auf Praxis, Lehre und Forschung haben.

Zusammenfassung:
- Interdisziplinäres und vernetztes Lernen und Lehren gewinnt für
  Hochschulen zunehmend an Relevanz.
- Dabei werden Forschungsverbünde, fachübergreifende Kollegs
  oder universitäre Zentren mit interdisziplinärer Ausrichtung ge-
  fordert und gefördert.

Weiterführende Fragen:

- Inwieweit und an welchen Stellen wird interdisziplinäres Arbeiten in dem Ihnen bekannten und als interdisziplinär gekennzeichneten Studiengang umgesetzt?
- Wo korrelieren Beschreibungen Ihrer Institution, Ihres Modulhandbuches etc. mit der Realität in der praktischen Umsetzung?

4.2 Interdisziplinäres Forschen

Es gibt unterschiedliche Selbst- oder Projektbeschreibungen, in denen interdisziplinäres Arbeiten und Forschen explizit wird (vgl. u. a. Schier & Schwinger 2014; Joas & Kippenberg 2005; Platzer 2002). Exemplarisch sei ein Ergebnis einer Analyse von Immelmann (1987) genauer vorgeführt. Wenngleich die Studie etliche Jahre zurückliegt, behalten die Kernaussagen noch immer Gültigkeit: Immelmann beschreibt praktische Erfahrungen einer interdisziplinären Forschungsgruppe. Diese setzte sich aus Vertreterinnen und Vertretern der Biologie, Medizin, Soziologie, Linguistik und Geschichtswissenschaft zusammen (vgl. ebd., S. 82). Thematischer Kern dieser Arbeit war die „Verhaltensentwicklung bei Menschen und Tieren". Er skizziert darin die Zusammenarbeit zwischen den Geistes- und Naturwissenschaften – besonders im Bereich der Verhaltensforschung – als ertragreich (vgl. ebd.). Durch die vorherrschende Trennung von Geistes- und Naturwissenschaft sind jeweilige Ergebnisse nur in gewissen Grenzen gültig, weswegen er für eine Aufhebung der Isolation von Einzelwissenschaften zugunsten einer interdisziplinären Kommunikation plädiert. Zudem wird betont, dass bei Interdisziplinarität nicht die Ergebnisse wesentlich sind, sondern das Bemühen, Brücken zu anderen Disziplinen zu schlagen und eigene Begrenzungen durch Erkenntnisgewinn von anderen Disziplinen zu bemerken und sie ggf. aufzulösen (vgl. ebd., S. 89f.). Damit wird deutlich, dass neben dem Ergebnis der Prozess der Auseinandersetzung mit unterschiedlichen Annahmen und Perspektiven, Personen und Methoden etc. bereichernd sein kann (vgl. Kap. 3.2.1 Interdisziplinarität als Denkstil). Zur Erforschung des tierischen und menschlichen Verhaltens unterteilte die Projektgruppe um Immelmann den Prozess in drei Phasen: 1. Phase: Informationsaustausch (täglich, mehrstündig), neuster Erkenntnisstand aller Fachgebiete, Diskussion: Methoden, Ergebnisse, Deutungen und Theoriebildung; 2. Phase: Intensive Lektüre, Abbau von Vorurteilen und veraltetem Wissen, Themenerörterung und -bearbeitung zu in Diskussionen entstandenen Aspekten in Kleingruppen; 3. Phase: Besprechung der Beiträge zur Veröffentlichung. Um diese strukturellen Phasen durchführen zu können, bedarf es für alle Mitglieder des Forschungsverbundes bedeutsamer Themen. Folglich sind grundsätzliche inter- und disziplinäre Fragen (Bedeutungen von Erbgut/Umwelt, Verhaltensbereitschaft/Erfahrungen oder lautliche Kommunikation) auszuwählen. Bemerkenswert ist zudem, dass ein Mindestmaß an Verständigung gegeben sein muss, da sehr verschiedene Verständnisweisen von Einzelaspekten (u. a. von aggressivem Verhalten) eine interdisziplinäre Diskussion eher behindern als befördern. Schwierigkeiten des gemeinsamen Arbeitens ergeben sich auch durch unterschiedliche wissenschaftliche Arbeitsgewohnheiten (u. a. eher theoretisch vs. eher empirisch), gegenseitige Information und sprachliche Kommunikation, weshalb nach der Anfangsphase durch Informationsdefizite eine „depressive" Stimmung folgen kann (vgl. Immelmann 1987, S. 84–86). Um Verständigung zu ermöglichen, wird im vorliegenden Fall auf Alltagssprache zurückgegriffen (vgl. Kap. 6.2 Organisationsstruktur und Unternehmenskultur als Bedingungen von Interdisziplinarität u. Kap. 6.3 Kommunikation als zentrales Mittel interdisziplinären Forschens und Arbeitens). Klaus Immelmann schlägt vor, durch gegenseitige Vorinformation, häufige Wiederholungen sowie Gruppenarbeit die gemeinsame Forschung zu unterstützen. Der Autor beschreibt zudem, dass in den Forschungsgruppen meist zu wenig Zeit (vgl. Kap. 3.2.3 Begriffliche Schärfungen) bleibt, aber im Rahmen von Tagungen, die erneut Zusammenarbeit erfordern, Unklarheiten beseitigt und weiteres Interesse vertieft werden können (vgl. Immelmann 1987, S. 87f.). Solche Auseinandersetzungen können positiv gewendet dazu beitragen, die eigene disziplinäre oder persönliche Sichtweise zu schärfen oder zu modifizieren. Ziel dieser Forschergruppe war eine ganzheitliche Erfassung eines Organismus, woraus evtl. sogar die Bildung einer eigenen Disziplin sowie die Entwicklung (teilweise) gemeinsamer Arbeitsmethoden und -ansätze hätte resultieren können. Durch eine interdisziplinäre Zusammenarbeit sollte es sogar zur Überwindung der Trennung von Geistes- und Naturwissenschaften kommen (vgl. ebd., S. 85).

Insgesamt kann hieraus für den Kontext des Einführungsbuchs abgeleitet werden: „Interdisziplinäre Forschung lässt sich so als Versuch deuten, jene Grenzen zu überschreiten und damit zumindest partiell die Fraktionierung des einst als Einheit gedachten (und gelegentlich als verlorene Einheit beklagten) Wissens zu überwinden." (Dreke 2008, S. 290) Dies kann in einem kleinen verdichteten Aspekt geschehen, aber auch einen komplexen Forschungsgegenstand betreffen. In beiden Fällen können interdisziplinäre Sichtweisen und Auseinandersetzungen Gegen-, Eigen- und Andersdenken hervorrufen und zwar anders, als dass von einem einzelnen Forschenden oder von einer einzelnen Disziplin aus geschehen könnte. Dabei müssen disziplinäre Grenzen oder Grenzverschiebungen immer wieder in den Blick genommen oder neu bestimmt werden. Dies hat Auswirkungen auf das jeweils disziplinäre Verständnis von Interdisziplinarität, denn es macht wohl einen Unterschied, wer bzw. welche Disziplin mit welcher Ausrichtung Interdisziplinarität, d. h. hier häufig bloß einen Zugriff auf Wissen klassischer Disziplinen, für sich beansprucht. Hieraus könnte man weiter fragen, ob (a) jede Disziplin überhaupt ein Problembewusstsein für Disziplinarität und Interdisziplinarität besitzt, ob es (b) Disziplinen gibt, die in sich eigenständiger erscheinen als andere und (c) bestimmte Disziplinen das nicht explizit thematisieren, da sie sich bereits selbst als von anderen beeinflusst verstehen (u. a. Kulturwissenschaft, Erziehungswissenschaft).

Zuordnungen und Schwierigkeiten von Zuordnungen wirken in die Art und Weise der Zusammenarbeit (praktisch, politisch und wissenschaftlich) hinein. Neben beruflichen Sozialisationen „werden zum Beispiel unterschiedliche Fachsprachen, disziplinäre Realitätswahrnehmung, unterschiedliche Theorien, Methoden und Wissenschaftlichkeitskriterien, Vorurteile gegenüber anderen" (ebd., S. 291) genannt. Zugleich aber sind bestimmte Kompetenzen (u. a. Offenheit für Neues, Ambiguitätstoleranz, Kommunikationsfähigkeit) Voraussetzungen von Interdisziplinarität. Es fehlen insofern „empirisch fundierte Aussagen darüber, welche Bedeutungen bestimmte Zugehörigkeiten in welchen Zusammenhängen für Forschende und deren Arbeit entfalten, die, so die Unterstellung, guten Willens sind, interdisziplinär zu arbeiten" (ebd., S. 292). Dies wird auch damit begründbar, dass jede Person/

jede Disziplin über bestimmte Deutungen, Weltsichten und Zugangsweisen zur Wirklichkeit verfügt und aus diesen Perspektiven heraus auch Wirklichkeit konstruiert. „Eigene Grenzen lassen sich methodisch im weitesten Sinne als begriffliche Unterscheidungen erkennen, die Eigenes und Fremdes ins Verhältnis setzen." (ebd., S. 292) Das Erkennen und Feststellen eigener und fremder Sichtweisen ist ein wesentlicher Schritt zur Interdisziplinarität. Überhaupt gibt es einige Argumente dafür, dass erst vor dem Hintergrund disziplinärer Einbettung und Orientierung interdisziplinäres Sehen, Denken und Gestalten angeregt werden kann. Disziplinarität wird häufig als eine Voraussetzung für gute Interdisziplinarität benannt (vgl. Sukopp 2013 (2), S. 19). Mit Interdisziplinarität ist gemeint, dass Fächer und Disziplinen ernsthaft miteinander kooperieren, dies immer wieder aufs Neue aushandeln und das Interesse sowie die Umsetzung von derartigen Kooperationen über eine punktuelle Vernetzung hinausweisen. Neben den eben angeführten Gründen (z. B. Vorurteile, spezifische Herangehensweisen) gibt es berechtigte fachliche Argumente, die dafür sprechen, ein Thema nur aus einer speziellen Disziplin mit einer bestimmten Methode zu bearbeiten. Dies ist möglich und sinnvoll, sollte dann aber auch transparent gemacht werden.

Solche disziplinären, gegenstandsbezogenen Gründe reichen mitunter aber nicht aus, um den Problemhorizont komplexer Fragen zu erfassen. Hinzu kommen auch (wissenschafts-)politische Verflechtungen und Neuerungen. Eine prägnante und mit deutlichen Neuerungen verbundene Änderung stellt dabei der hochschulpolitische Perspektivwechsel vom Lehren zur Kompetenzentwicklung dar, der im folgenden Kapitel dargestellt wird.

Zusammenfassung:

- Interdisziplinäres Forschen ist eine komplexe und anspruchsvolle Tätigkeit.
- Transparenz und gleichberechtigter Austausch kennzeichnen einen gelungenen Forschungsprozess. Dieser Prozess wird von einem Erkenntnisinteresse und einer Neugier im Kontakt mit anderen Disziplinen getragen.
- Zwischen den beteiligten Disziplinen gibt es mitunter Konkurrenz bezüglich der Leitung.

Weiterführende Fragen

- Welche Argumente und Gegenargumente können Sie gegenüber interdisziplinärem Forschen formulieren?
- Würden Sie selbst interdisziplinär forschen? Von was hängt das ab?

4.3 Vom Lehren zur Kompetenzentwicklung

Der Paradigmenwechsel vom Lehren zum Lernen scheint schon länger vollzogen zu sein. Seit einiger Zeit lässt sich zudem in Politik, Wissenschaft und Praxis eine zunehmende Kompetenzorientierung feststellen. Dies meint, dass es weniger um Lernziele und -inhalte geht als vielmehr um die Frage von Anwendung und Transfer und damit verbunden auch eine starke Betonung von überfachlichen (auch interdisziplinären) Kompetenzen gegenüber reinem Wissenserwerb. Damit orientieren sich Wissenschaft, Öffentlichkeit und (Bildungs-)Politik zusehends an dem, was anderswo (u. a. wirtschaftlich) nachgefragt ist. Denn die veränderten, umfassenden Ansprüche der Unternehmen an die Fähigkeiten und das Engagement des Personals spiegeln sich in der heute üblichen Verwendung des Begriffs Kompetenz wider: Im Unterschied zur Qualifikation, welche die von der Organisation definierten Ausbildungsanforderungen bezeichnet, spricht Kompetenz die subjektbezogene Seite von Arbeitsverhältnissen an. Mit Kompetenz ist nicht nur eine Ausbildung oder eine Fähigkeit des Individuums (Studierende, Forschende, praktisch Tätige) angesprochen, potentiell eine Anforderung erfüllen zu können (vgl. Faulstich 1996). Der Blick richtet sich vielmehr auf die ganze Person: Kompetenz bezieht sich auf eine Verbindung von subjektiven Handlungspotentialen mit jeweils konkreten, extern vorhandenen Handlungsbedingungen. Die im Einzelfall unterschiedlichen materialen Gegebenheiten und die von Vorgesetzten eingeräumte individuelle Zuständigkeit müssen dabei als Bedingungen der Möglichkeit von Kompetenz berücksichtigt werden. Kompetenz wird sichtbar in ihrer Performanz, den im selbständigen Vollzug beobachtbaren Handlungen im Arbeitskontext (vgl. Lerch 2016, S. 44f.). Kompetenz umschließt im Einzelnen sowohl beruflich relevante Kenntnisse (Wissen) und Fähigkeiten (Können) als auch Motivation (Wollen). Die Handlung wird selbstorganisiert, im Bewusstsein der eigenen Wirksamkeit (self-efficacy) und im vorgesehenen Rahmen (Zuständigkeit) adäquat vollzogen (Performanz) (vgl. Bender 2003; Hof 2002; Löwisch 2000; Reischmann 2003). Hierzu ein Alltagsbeispiel: Angenommen, Sie beobachten eine Person beim Einparken. Die Person benötigt ein Auto, jemand muss ihr die Erlaubnis geben. Sie muss über theoretische Verkehrskenntnisse verfügen und zugleich wissen, wie das Auto zu bedienen ist. Die Person muss Autofahren wollen usw. Wäre die Person dann also kompetent im Einparken? Vielleicht war es aber nur Zufall? Und kann die Person es wieder tun?

(Interdisziplinäre) Kompetenzen können nicht einfach vermittelt werden, sondern sind das Ergebnis vielfältiger Lern- und Sozialisationsprozesse, insbesondere informeller Art, z. B. des nicht-intendierten Lernens bzw. des „Lernens en passant" (vgl. Reischmann & Dieckhoff 1996) oder des Erfahrungslernens (vgl. Gieseke & Siebers 1996). Das heißt, es muss eine Vielzahl von subjektiven und organisationsbezogenen Faktoren zusammenspielen, um Kompetenzen zu ermöglichen bzw. zu fördern. (Interdisziplinäre) Kompetenzen lassen sich daher kaum als isoliertes Lehrziel einzelner Bildungsveranstaltungen formulieren.

Allerdings kann Kompetenz im jeweils konkreten Fall durchaus analytisch aufgegliedert und zum Teil didaktisch operationalisiert werden. So können einzelne Elemente gesondert gefördert und unterstützt werden:

- Vermittlung des nötigen Fachwissens in Seminarform oder in Form von e-Learning
- Einübung der Anwendung (Können) in Trainings oder im Unternehmen
- Verbesserung der Arbeitshaltung (Wollen) als Frage der Sinnhaftigkeit der Arbeitsaufgabe oder der Vergütung bzw. des Arbeitsklimas (was pädagogisch nur begrenzt thematisierbar ist)
- Förderung der Selbstorganisation z. B. durch handlungsorientierte Projektmethoden oder durch Übertragung von Verantwortung

Die Integration dieser Lern- und Sozialisationsprozesse, die auf den verschiedenen Ebenen des Studiums, der Forschung und des Arbeitsplatzes ablaufen, sowie die Anwendung des Gelernten, der Transfer, sind jedoch vom Individuum selbst zu leisten. Insofern kann der Transfer interdisziplinärer Kompetenzen zwar unterstützt und begleitet werden, letztlich bleibt es aber Aufgabe des Subjekts, Themen und Fragestellungen derart zu wählen und diese zu verfolgen, dass eine Anwendungsorientierung erfolgen kann.

Zusammenfassung:
- Kompetenz kann als eine Verbindung zwischen Handlungspotentialen und -bedingungen betrachtet werden.
- Kompetenz bezieht sich gegenüber Lernen oder Qualifikation auf die subjektgebundenen Anteile einer Person.
- (Interdisziplinäre) Kompetenzen werden informell und lebensgeschichtlich erworben, sie können teilweise gefördert und begleitet werden; ihr Erwerb ist jedoch nie endgültig abgeschlossen.
- Im Rahmen der Kompetenzenzwicklung muss die Bedeutung wirtschaftlicher Interessen bedacht werden.

Weiterführende Fragen
- Würden Sie dem skizzierten Wechsel von Lehren und Lernen hin zu Kompetenzorientierung zustimmen? Was ist daran positiv, was eher problematisch?
- Wie erleben Sie dieses „neue" Paradigma in Ihrem eigenen Arbeitsumfeld? Wie gehen Sie damit individuell und institutionell um?

4.4 Fazit: Relevanz für Person und Organisation

Interdisziplinarität und interdisziplinäre Kompetenzen bezeichnen unterschiedliche Sachverhalte, und sie werden in der jeweiligen disziplinären Ausformung anders verwendet. Eine allgemein-theoretische sowie eine empirisch gesättigte Bestandsaufnahme sind daher schwer möglich. Allerdings lassen sich einige Tendenzen bündeln: Zum ersten ist die Betrachtungsebene (u. a. Forschung, Studium und Lehre) zu berücksichtigen, da es etwa strukturelle, inhaltliche, prozessuale und personelle Unterschiede gibt, empirische Befunde auf makro- oder mikrodidaktischer Ebene zu deuten. Zum zweiten existieren einige Bemühungen, das Thema auch strukturell in Hochschulen und Universitäten zu verankern (u. a. Studiengänge, Forschungsverbünde). Zum dritten wird mit methodisch-didaktischen Settings experimentiert. Dabei wird versucht, das Thema in bestehende Lehr-Lern-Formate zu integrieren oder als eigenständiges Veranstaltungsformat Interdisziplinarität in der Ausbildung von Studierenden, Forschenden und praktisch Tätigen aufzunehmen und zu fördern. Es ist aber noch unklar, wie genau das gefördert wird und inwieweit dabei Interdisziplinarität und interdisziplinäre Kompetenzen evaluiert werden können.

5. Interdisziplinäre Kompetenzen in der Praxis: Fördern und Evaluieren

> „Wer nicht interdisziplinär *gelernt* hat,
> kann auch nicht interdisziplinär *forschen.*"
> (Mittelstraß 1987, S. 157).

Kapitel 5 nimmt in den Blick, inwieweit und auf welche Weise interdisziplinäre Kompetenzen in der Praxis ausgebildet und begleitet werden können (vgl. Kap. 5.1 Interdisziplinäres Wahrnehmen ausbilden und fördern: grundlegende Bedingungen). Es wird neben der Ebene der Mikro- und Mesodidaktik (u. a. Tutorien, Projektarbeit) auch die Makrodidaktik (u. a. Gestaltung von Lernräumen, fachübergreifende Curricula) einbezogen. Dies geschieht insbesondere unter Rückbezug auf Exemplarisches Lernen, Projektarbeit, Teamarbeit und Zukunftswerkstatt (vgl. Kap. 5.2 Interdisziplinäres Arbeiten anregen und begleiten: Möglichkeiten und Methoden). Im Anschluss werden Aspekte einer funktionierenden Zusammenarbeit vorgestellt (vgl. Kap. 5.3 Merkmale gelingender Interdisziplinarität), bevor Chancen und Grenzen von Evaluationen in interdisziplinären Kontexten nachgegangen wird (vgl. Kap. 5.4 Interdisziplinäres Studieren und Arbeiten evaluieren). Ein Ausblick (vgl. Kap. 5.5 Fazit: Möglichkeiten und Grenzen interdisziplinärer Kompetenzen in der Praxis) rundet das Kapitel ab.

5.1 Interdisziplinäres Wahrnehmen ausbilden und fördern: grundlegende Bedingungen

Sowohl für Forschende als auch für Studierende und praktisch Tätige sind mit einer interdisziplinären Beschäftigung einige Vorannahmen und Folgen verbunden.

> „Interdisziplinäre Arbeit kann den disziplinären Fortschritt fördern. Sie kann das Problembewußtsein und das Wahrnehmungsvermögen disziplinär arbeitender Wissenschaftler [Studierender und praktisch Tätige, SI.] stärken, ihre Sensibilität gegenüber den Grenzen ihrer Zuständigkeit schärfen und ihr Instrumentarium ergänzen. Sie

kann aber auch zur Kritik eingefahrener Konventionen und Selbstverständlichkeiten einer Disziplin führen, zur Erweiterung und Modernisierung ihrer Blickweisen." (Kocka 1991, S. 137)

Damit sind unterschiedliche Dinge auf mehreren Ebenen festgehalten: Interdisziplinarität führt zu Perspektivvielfalt und -wechsel, zu Problembewusstsein der Akteurinnen und Akteure sowie der Disziplinen selbst. Eine solche Reflexion bezieht gesellschaftlich und öffentlich relevante Fragestellungen und Diagnosen ein, beinhaltet zugleich aber Momente, welche das eigene (inter-)disziplinäre Verständnis betreffen. Dabei ist es hier weniger von Bedeutung, ob zunächst disziplinäres Sehen und danach erst Interdisziplinarität angestoßen wird, oder ob dieser Prozess umgekehrt verläuft. Die damit korrelierenden Fragen etwa danach, welche Inhalte, Methoden usw. zuerst gelernt und gelehrt werden sollen, welches das andere bedingt usw., werden daher eingeklammert; stattdessen wird zunächst auf grundlegende Bedingungen (Möglichkeiten und Grenzen) der Ausbildung von interdisziplinären Kompetenzen eingegangen. Neben methodisch-didaktischen Settings ist hier die institutionelle Ebene zu berücksichtigen. Bereits hier wird sichtbar, dass Interdisziplinarität nicht leicht auszubilden ist. Manchmal hat das mit impliziten und expliziten Ambitionen der Disziplinen selbst zu tun. Denn auf bestimmte Weise beansprucht jede Disziplin innerhalb eines Verbundes für sich den Status einer Leitdisziplin. Zu fragen wäre, ob das so sein muss oder ob es Alternativen dazu gibt.

> „*Eine* Option [dem Festhalten an einer Leitdisziplin entgegenzuwirken] besteht darin, als regulative Idee die Disziplinen gemäß ihrer bildungstheoretischen Ergiebigkeit (Bildungsrelevanz) zu gewichten. Dazu kann man die Disziplinen daraufhin vergleichen, über welches/wie viel ‚Wissen' sie (nicht) verfügen, das am besten geeignet ist, eine begrenzte Zahl von vorab festgelegten und als hoch bedeutsam begründeten, zentralen Bildungszielen zu erreichen." (Hippe 2014, S. 51)

In seinem Zeitschriftenaufsatz diskutiert Hippe beispielhaft die Kontroverse zwischen Politik- und Sozioökonomie-Didaktikern und Ökonomiedidaktikern, die ein interdisziplinäres Fach im Bereich Schule befürworten bzw. ablehnen. Dabei geht er auf vier Streitpunkte ein (differente Ziele, unterschiedliche Ideologien, differente Heuristiken, fachdidaktischer „Lobbyismus") und führt Lösungsvorschläge an. Sein Vorschlag ist das „problemorientierte [...] Modell der *bedingten* Interdisziplinarität" (Hippe 2014, S. 40, Hervorhebung im Original). Damit ist wiederum der Aspekt des Gegenstands, des zu bearbeitenden gemeinsamen Problems angezeigt, welches von unterschiedlichen Disziplinen aus untersucht werden kann, selbst wenn unterschiedliche (erkenntnis-)theoretische Bedingungen als Vorannahmen zugrunde liegen. Neben diesem Merkmal tritt das Moment von Geltungsansprüchen hinzu, das die Konkurrenz unter den einzelnen Disziplinen meint.

Um diese Eitelkeiten zu überwinden, bedarf es einer Reflexion der disziplinären Paradigmen und Grenzen (vgl. Altner 2001, S. 24). Damit wird Reflexionskompetenz von Individuen und Institutionen angesprochen, welche schließlich bei Vorbereitung, Durchführung und Nachbereitung interdisziplinärer Ausbildung berücksichtigt werden muss. Diese Reflexion kann aber auch auf sich selbst als Handelnde/-r und damit auf die Fähigkeit und Bereitschaft z. B. zum Perspektivwechsel bezogen werden. Um unterschiedliche Betrachtungsweisen der einzelnen Disziplinen zu verdeutlichen, bezieht sich etwa Altner auf ein Beispiel von Martin Buber (1973, S. 10f.), in dem ein „Baum" aus verschiedenen disziplinären Sichtweisen beschrieben wird. Jede Perspektive auf dieses Objekt ist berechtigt, aber sie ist eben immer nur eine spezifische, eher isolierte Sichtweise. Daran macht Altner fest, dass die Grenzen des disziplinären Erkenntnisansatzes den Beginn der interdisziplinären Betrachtung darstellen (vgl. Altner 2001, S. 25; Elsholz 2012). Es zeigen sich verschiedene Zugangsweisen, von naturwissenschaftlichen Einsichten bis zu philosophischen Positionen. „Die Unsicherheiten bei der interdisziplinären Forschung sind insbesondere dadurch bedingt, dass die methodische Zuordnung verschiedener Disziplinen, wenn denn die Bereitschaft zur Verständigung besteht, große Schwierigkeiten macht" (Altner 2001, S. 25). Daran schließt sich die Frage an, wie die eigene disziplinäre Sicht durch andere Disziplinen ergänzt werden kann. Die größte Hürde zur gemeinsamen Verständigung stellen dabei die methodischen Zuordnungen und Zugänge der Einzeldisziplinen dar (vgl. ebd.). Z. B. versucht die Naturwissenschaft Dinge als berechenbare Objekte zu sehen (Gesetzmäßigkeiten), ein Historiker hingegen erschließt sich die Welt und ihre Fragestellungen häufig über die Interpretation (Hermeneutik). Jeder Zugang beinhaltet dabei gleichwohl bedeutsame Aspekte.

Um interdisziplinär zu arbeiten, empfiehlt es sich daher, Ziele und Arbeitsformen in einem gemeinsamen Aushandlungsprozess zu Beginn der Zusammenarbeit festzulegen. Ausgehend von einer solchen Aufstellung von Strategien und Regeln können dann neue Akzente gesetzt werden. Für interdisziplinäres Arbeiten sind folglich Prämissen transparent zu machen und Vorarbeiten zu leisten. Dies kann in der beruflichen Praxis geschehen, allerdings bereits in Studium und Ausbildung vorbereitet werden.

Neben dem Offenlegen etwa von sprachlichen und methodischen Voraussetzungen geht es immer wieder um das Vergegenwärtigen des gemeinsamen Problems (vgl. u. a. Löffler 2013, S. 161; Ludwig 2008). Häufig sind das Fragen, die nur mit unterschiedlichen disziplinären Perspektiven gelöst werden können und die dann auch im Rahmen einer Ausbildung und einer Förderung in den Mittelpunkt gerückt werden können. Solche Probleme liegen im wissenschaftlichen Feld, sind aber zumeist aus einem nicht-wissenschaftlichen, öffentlichen Bereich (Politik, Lebenswelt) hervorgegangen. Diese Fragen sind insbesondere dort anzutreffen, wo ein gemeinschaftliches Interesse an der Lösung anwendungsnaher Problemstellungen existiert, die in der öffentlichen Wahrnehmung als bedeutungsvoll erachtet und über Ausschreibungen in die Wissenschaft gebracht werden (vgl. Balsiger 2005, S. 185; Sukopp 2013 (2), S. 24). Universitäre Ausbildung oder auch das Fördern von interdisziplinären Kompetenzen bekommt eine andere Bedeutung, wenn unter solchen ernsthaften und praxisrelevanten Fragestellungen gearbeitet und gedacht wird. Indem Studierende, wissenschaftlich und praktisch Tätige um Formulierungen ringen, Fragestellungen für sich und andere schärfen und Probleme gemeinsam bearbeiten, tun sie wichtige Schritte auf dem Weg zu interdisziplinärem Wahrnehmen, Sehen und Handeln.

Um diesen Prozess der Reflexion weiter zu fördern, lohnt es sich, die Akteurinnen und Akteure an die Aristotelische Unterscheidung von Material- und Formalobjekt zu erinnern und sie mit dieser ihre jeweiligen Fragestellungen bearbeiten zu lassen. Das Materialobjekt ist der zu betrachtende Gegenstand, den eine oder mehrere Wissenschaften im Blick haben. Das Formalobjekt ist eher die Art und Weise der Betrachtung.

> „Formalobjekte sind also – um ein nahe liegendes Missverständnis zu vermeiden – keine Objekte im Sinne unabhängiger Gegenstände, sondern ‚Objekte in einem bestimmten Zugriff' bzw. Objekte, an denen man bestimmte Züge besonders heraushebt und betrachtet. Medizin und Soziologie mögen etwa im Materialobjekt übereinkommen (es ist in beiden Fällen der Mensch), die Formalobjekte sind jedoch verschieden: Es ist hier der Mensch, insofern er in seinen Funktionsweisen beeinträchtigt und heilungsbedürftig ist, und dort der Mensch, insofern er in gesellschaftlichen Kontextbedingungen wie Gruppen, Normen, Werten, Rollenerwartungen etc. lebt." (Löffler 2013, S. 162)

Mit dieser Einteilung kann es gelingen, komplexe Gegenstände klarer zu sehen und sie besser einzuordnen. Das, was zunächst eher theoretisch ist, wirkt sich auch auf Ausbildung und Praxis aus. Bezieht man diese Trennung von Formal- und Materialobjekt nämlich auf interdisziplinäres Arbeiten, dann wird deutlich, dass es sinnvoll ist, gemeinsam an einem Gegenstand zu arbeiten, d. h. das gleiche Materialobjekt zu betrachten und dabei im Hinblick auf das Formalobjekt ggf. nicht sehr weit auseinander zu liegen (vgl. ebd., S. 162f.). Diese Überlegungen um eine mögliche Interdisziplinarität beziehen die didaktische Vereinbarkeit von unterschiedlichen Zielperspektiven ein (vgl. Hippe 2014, S. 42). Neben Zielen sind Methoden, Zeiten, Räume, Sprachen usw. (vgl. Kap. 3.2.3 Begriffliche Schärfungen) immer wieder neu festzulegende handlungsleitende Aspekte einer gelingenden Interdisziplinarität.

Zusammenfassung:

- Für interdisziplinäres Wahrnehmen, Denken und Arbeiten müssen die beteiligten Akteurinnen und Akteure in der Lage sein, sich, die Anderen und die gemeinsam gewonnene Fragestellung immer wieder neu in den Blick zu nehmen; sie benötigen eine hohe Reflexionsfähigkeit.
- Um erfolgreich zu arbeiten, ist eine Einigung auf klare, für alle sinnvolle und transparente Regeln und Strategien erforderlich.

Weiterführende Fragen:

- Welche weiteren grundlegenden Rahmenbedingungen würden Sie benennen, damit interdisziplinärer Austausch möglich wird?
- Welche Arbeitsformen sind in Ihrem Kontext vorhanden? Welche sind dominant, welche sind eher nachgeordnet? Was bedeutet das für Ihr Arbeitsklima?

5.2 Interdisziplinäres Arbeiten anregen und begleiten: Möglichkeiten und Methoden

Interdisziplinarität ist weder per se positiv noch per se sinnvoll. Dort, wo interdisziplinäres Arbeiten aber betrieben wird, kann es Spuren hinterlassen. Allerdings muss darauf hingewiesen werden, dass etwa Forschungscluster ein ernsthaftes Bemühen um Interdisziplinarität signalisieren können, dass Interdisziplinarität aber nicht notwendigerweise allein daraus resultiert. Für die Erwachsenen- und Weiterbildung ergibt sich daraus die Fragestellung, wie eine solche Transformation hin zu Interdisziplinarität innerhalb von Lehr-Lern-Prozessen angeregt und didaktisch begleitet werden kann. Um die Chance auf Gelingen zu erhöhen, muss der Lebenswelt der Adressaten eine höhere Bedeutung zuteilwerden. Dazu bedarf es didaktischer Vorüberlegungen: Ein Faktor ist die Frage nach der jeweiligen Verwendungssituation, dem Bedarf. Das Wissen soll anschlussfähig sein und einen Prozess sichtbar machen bzw. einen konkreten Gebrauchswert aufweisen. Vor diesem Hintergrund und der allgemeinen Kennzeichnung von Möglichkeiten und Grenzen einer Kompetenzentwicklung (vgl. Lerch 2016, S. 201f.) sowie unter Rückgriff auf die jeweiligen Kontexte, in denen interdisziplinäres

Lernen, Lehren, Forschen und Arbeiten steht, erscheint es wenig sinnvoll, ganz konkrete Formen der methodisch-didaktischen Anregung und Begleitung von Lernenden auf dem Weg zu Interdisziplinarität vorzustellen. Allein aufgrund der Vielzahl an Disziplinen und spezifischen Arbeitsformen ist dies kaum möglich. Jedoch existieren grundlegende Arbeitsweisen, welche per se Interdisziplinarität anregen oder die in besonderem Maße eine solche unterstützen. Daher erscheint es begründbar, im Folgenden auf einige Arbeitsformen, bei denen dies der Fall ist, näher einzugehen. Im Einzelnen sind das: Exemplarisches Prinzip, Projektmethode, Teamarbeit und Zukunftswerkstatt.

5.2.1 Exemplarisches Prinzip

Zur Anregung interdisziplinärer Perspektiven und Denkweisen empfiehlt sich das Arbeiten an gemeinsamen Gegenständen, anhand derer disziplinäre und fächerübergreifende Perspektiven deutlich werden. Solche verbindenden Inhalte haben daneben den Vorteil, dass sie des Öfteren Lernen an die Alltagswelt rückbeziehen, weil die Fälle und Themen häufig der Lebenswirklichkeit der Individuen entspringen. Insofern eignet sich das exemplarische Prinzip „für die Vernetzung unterschiedlicher Fachdisziplinen." (Brödel 2000, S. 29) Das exemplarische Prinzip wurde als didaktisches Prinzip von Martin Wagenschein entwickelt. Dabei werden komplexe Sachverhalte durch didaktische Reduktion auf wesentliche Aspekte zurückgeführt, um sie für Lernende (meist bezogen auf Schülerinnen und Schüler) überschaubar und begreifbar zu machen. Die Reduktion erfolgt nicht willkürlich, sondern durch kritische Prüfung auf das Wesentliche und auf das bildungsmäßig Relevante. Es geht nicht um das Spezielle, sondern um Zusammenhänge, das Allgemeine, das Übertragbare. So kann beispielsweise anhand eines physikalischen Experiments auf allgemein geltende Gesetzmäßigkeiten geschlossen werden. Damit bildet die Verdichtung über einen konkreten Fall nur den Ausgangspunkt, um Regeln und Mechanismen von Disziplinen zu erkennen.

Angesichts der „Zunahme von Wissen in allen Fächern und Wissenschaften und angesichts der fortschreitenden Differenzierung innerhalb der Wissenschaften" (Sander 2009, S. 2) wird diese Fähigkeit, das Allgemeine im Besonderen zu finden, an Bedeutung gewinnen. Und in interdisziplinären Kontexten werden genau diese Fähigkeiten benötigt, zugleich auch durch diese Kontexte ausgebildet. Denn letztlich ist jede interdisziplinäre Fragestellung eine Bündelung von allgemein gültigen Gesetzmäßigkeiten der beteiligten Disziplinen auf einen ganz konkreten Fall. Ein solches exemplarisches Beispiel ist für die Beteiligten rascher zugänglich und bearbeitbar, weil die hinter dem Fall verborgenen Logiken der einzelnen Disziplinen nicht aufgedeckt werden müssen. Es hilft insofern der interdisziplinären Verständigung. In interdisziplinärer Ausrichtung existiert über die Themen eine besondere Nähe zum Exemplarischen.

> „Schließlich eignet sich ein exemplarisches Vorgehen auch, um die Kluft zwischen einerseits Natur- und Technikwissenschaften und andererseits Kultur- und Sozialwissenschaften zu überwinden und um die Legitimität der Problemlösungsrelevanz beider Wissenschaftsgruppierungen für den betrieblichen Handlungskontext zur Geltung zu bringen" (Brödel 2000, S. 29).

Dies wird auch vor der Annahme einer steigenden Nachfrage von grenzüberschreitenden Fragen (politisch, kulturell, ökologisch usw.) weiter zunehmen. Dennoch existieren trotz aller Chancen, die im exemplarischen Prinzip liegen, auch Risiken: Denn es ist zwar möglich, anhand von verdichteten Fallbeispielen Kenntnisse eines ganzen Fachs zu erlangen, jedoch birgt das zugleich auch die Gefahr falscher Analogien. Die Methode fordert eine sehr gute Kenntnis und Orientierung bzgl. der Auswahl des „richtigen" Beispiels. Was passiert mit einer sehr spezifischen Idee, welche das Allgemeine nicht repräsentiert? Und was bedeutet das dann für disziplinäre oder interdisziplinäre Perspektiven in einem disziplinübergreifenden Zusammenhang? Die begründete Auswahl des Beispiels nach Inhalt, Zielgruppe, Kontext usw. ist daher von enormer Bedeutung. So kann das Prinzip als wertvoll für Interdisziplinarität betrachtet werden, da jeweilige Perspektiven (Disziplin, Person, Lehrende, Studierende) exemplarisch herausgearbeitet oder verdeutlicht werden können. Durch die Methode wird ein einseitiger Blick irritiert und die Bearbeitung auf ein Denken in Zusammenhängen gerichtet. Ein weiterer Vorteil kann in der Konkretheit gesehen werden. Denn das Subjekt wird durch die Orientierung an Alltags- und

Realbeispielen angesprochen und kann durch Sinneseindrücke auf seine Erfahrung zurückgreifen (vgl. Cleppien 2013). Aus unterschiedlichen Erfahrungen resultieren u. a. verschiedene Denkstile und somit wertvolle Einblicke und Wissensschätze für die interdisziplinäre Zusammenarbeit.

5.2.2 Projektmethode

Sowohl in beruflichen als auch in alltäglichen Kontexten gewinnt das Denken in Projekten enormen Schub; Das Leben selbst (Liebesbeziehungen, Jobs, Reisen usw.) wird immer kleinteiliger und schneller; daneben befördern auch Arbeitsmarktstrukturen einen Wechsel hin zum „Machen". Der Einzelne muss sich zunehmend mit einem Denken und Handeln in Projekten arrangieren. Dies erfordert verstärkt Teamarbeiten, die im beruflichen Kontext für das Arbeiten in Projekten das Pendant bilden. Projektarbeit soll effektivere und produktorientierte Arbeitsprozesse ermöglichen (u. a. indem Mitarbeitenden scheinbar mehr Freiräume gegeben werden). Außerdem machen komplexe Themenstellungen die Bearbeitung durch ein Team aus Expertinnen und Experten, die häufig unterschiedliche fachliche Ausrichtungen haben, notwendig.

Es empfiehlt sich daher, dem Aspekt der Projektarbeit auch aus Sicht der Ausbildung von interdisziplinären Kompetenzen nachzugehen. Strukturell und prozessual erleben und erfahren Studierende, Forschende und praktisch Tätige durch solche Arbeitsformen die konkreten, für Interdisziplinarität besonders bedeutsamen Arbeitsweisen. Sie können ausgebildet und angeregt werden, indem an exemplarischen Projekten gemeinsam gedacht und gearbeitet wird. Dies kann durch konkrete Fälle und Themen (z. B. Werbung im Umweltbereich; Videofallarbeit in Schulen) angeregt und verbessert werden. Bisweilen kann, je nach Thema, dadurch auch das Verwobensein von Theorie und Praxis verdeutlicht und das Potential einer bewusst eingesetzten Verschränkung von beidem sichtbar gemacht werden. Durch immer wiederkehrendes Strukturieren und Begleiten muss dabei aber Sorge dafür getragen werden, dass die Perspektiven nicht nur gezeigt werden, sondern sich Interaktion und Austausch einstellt. D. h., es muss von Seiten der Lehrenden oder Teamarbeitenden versucht werden, von Multidisziplinarität hin zu Interdisziplinarität zu gelangen.

Zur Veranschaulichung soll nochmals als plastisches Beispiel angeführt werden: „In einem Kooperationsprojekt haben Kochauszubildende und Psychologiestudierende gemeinsam ein ‚Kochbuch der Gefühle‘ erarbeitet. Es konnten mehrere Kompetenzen, die im Rahmenplan für Köche/Köchinnen und in den Vorgaben zu Schlüsselkompetenzen gefordert werden, gestärkt werden." (Bermeitinger, Flatau & Althaus 2012, S. 40) Im Projekt und durch das gemeinsame Tun sollten individuelle und disziplinäre Perspektiven erweitert, Motivation und Selbstreflexion der Teilnehmenden aufgebaut, ein Nachdenken über emotionale Mechanismen sowie die Erarbeitung emotionsregulativer Strategien (z. B. aufgrund von unterschiedlichen Herangehensweisen) (vgl. ebd., S. 41) gefördert werden. „Studierende sollten lernen, psychologische Inhalte so aufzubereiten, dass sie diese mit anderen Personen angemessen erarbeiten können" (ebd., S. 41). Das führt zu Teamarbeit und Kommunikationsfähigkeit, die beide für interdisziplinäres Arbeiten zentral sind. Daneben wird durch die Notwendigkeit des Austauschs mit anderen Sichtweisen und Disziplinen die eigene Perspektive und disziplinäre Herkunft mit ihren Begrenzungen deutlich. Zudem werden über fachfremden Austausch generelle methodische Fähigkeiten geschult: „Es wurde offensichtlich, dass die S. [Studierenden] oft (noch) Schwierigkeiten hatten, Themen für Personen außerhalb der Psychologie verständlich und interessant aufzubereiten und Fragen sowie Anweisungen klar zu formulieren." (ebd., S. 41) Im Hinblick auf Kompetenzen wurde assoziatives Denken unterstützt und analytisches aber besonders auch „vernetztes Denken, Eigeninitiative und Team- und Kommunikationsfähigkeit" (ebd., S. 42) gefördert. Solche individuellen interdisziplinären Kompetenzen können durch Einzelarbeit, in Paararbeit, durch Diskussionen im Plenum oder durch Übungen in Kleingruppen angeregt werden.

5.2.3 Teamarbeit

Eine Form des Austauschs in Gruppen stellt die Projektarbeit dar. Neben den gemeinsam zu bearbeitenden Aspekten in Projekten ist Teamarbeit noch stärker auf Prozesse, Aufgabenverteilung, Zeitplanung und Kommunikation angewiesen.

> „Es fällt sogleich der Aspekt des gemeinsamen Arbeitens auf. Im Fall der Multi- und Pluridisziplinarität beschränkt sich das ‚gemeinsam' [...] auf ein dem Namen nach gleiches Forschungsthema bzw. auf (schwache) Formen gegenseitiger Kenntnisnahme. Im Fall der Interdisziplinarität soll es im Gegensatz dazu um kooperatives wissenschaftliches Handeln, um gemeinsames Forschen [Studieren und Arbeiten, SL] gehen." (Jungert 2013 (2), S. 4)

Ein Team ist zudem mehr als nur eine Gruppe, da es nach bestimmten Zielstellungen arbeitet, Strukturen vorherrschen, Aufgaben- und Rollenverteilungen ausgehandelt werden oder vorhanden sein müssen. Erfolgreiche Teamarbeit hat neben diesen Typen, aus denen sich das Team zusammensetzt (u. a. Macher, Kritiker), häufig auch den Charakter, dass Vertreterinnen und Vertreter unterschiedlicher Fachkulturen und Disziplinen bzw. auch Personen mit unterschiedlichen berufsbiographischen Hintergründen zusammenkommen. Daraus lassen sich Konsequenzen sowohl für Interdisziplinarität als Denkstil (vgl. Kap. 3.2.1 Interdisziplinarität als Denkstil) als auch für interdisziplinäre Kompetenzen (vgl. Kap. 3.2.2 Systematische Annäherung) ableiten: Im ersten Fall geht es darum, an den jeweiligen ausgebildeten Sichtweisen, die teilweise bereits unbewusst interdisziplinär sind, anzusetzen und diese für die Teamarbeit zu nutzen. Häufig intendiert das im Sinne eines Teamteachings, aus unterschiedlichen Disziplinen heraus kollektive Lösungsansätze zu erarbeiten. So kommt es zu einer Kombination von Disziplinen, Fächern und Annahmen. Die Personen greifen auf bisherige Denkweisen und Erfahrungen zurück und bilden zugleich neue Sichtweisen aus. Im zweiten Fall stehen insbesondere etwa Kommunikationsfähigkeit, Empathie, Konfliktfähigkeit oder Ambiguitätstoleranz im Fokus. Zum Teil sind diese Kompetenzen bereits vorhanden und für interdisziplinäre Teamarbeit erforderlich, zum Teil werden sie durch die Arbeitsweise auch erst ausgebildet oder verfeinert. Beispielsweise könnte eine Standortbestimmung zur Realisierung eines wirtschaftlichen Projekts aus differenten Disziplinen (Geographie, Wirtschaftswissenschaft, Politikwissenschaft) erfolgen. D. h., „eine Methode, die nur auf der Basis der Zusammenarbeit verschiedener Disziplinen möglich ist" (Sedmak 2003, S. 10), stellt in diesem Fall eine interdisziplinäre Herangehensweise, eine Teamarbeit dar, wobei das nicht heißt, dass jede Teamarbeit per se interdisziplinär ist.

5.2.4 Zukunftswerkstatt

Da die Methode der Zukunftswerkstatt im Vergleich zu den bisher vorgestellten Methoden nicht unmittelbar Interdisziplinarität zeigt, wird sie zunächst skizziert, und erst im Anschluss werden Bezüge hergestellt.

Die von Robert Jungk entwickelte Idee der Zukunftswerkstatt und das von Norbert Müllert darauf aufbauende Phasenmodell (vgl. Jungk & Müllert 1981; Jungk & Müllert 1989) geht vom Ansatz aus, spezifische Problemlagen und Planungsaufgaben über ein originär demokratisches Prinzip zu behandeln. Die Zukunftswerkstatt wird in fünf Phasen gegliedert (vgl. Berkessel & Schmitz 2008). Es wird versucht, durch die Aktivierung sozialer Phantasie (vgl. Apel & Günther 1998, S. 16) Problemlösungspotentiale und kreative Fähigkeiten freizusetzen. Mit sozialer Phantasie ist hier ein gemeinsamer Prozess der Ideengenerierung, dann aber auch der Ideenschärfung und -umsetzung gemeint. Solche Potentiale trägt jeder Mensch aufgrund seiner Erfahrungen in sich. Diese gilt es zu aktivieren und nutzbar zu machen. Damit stellt sich die Methode gegen den Grundsatz der Macht von Expertinnen und Experten und baut stattdessen auf kollektive Kompetenzen, um neue Ideen und Lösungsansätze zu gewinnen. Grundsätzlich ist die Zukunftswerkstatt damit eine konsultative Methode – ihr Ansatz ist nicht hierarchisch, sondern demokratisch strukturiert. Gerade, weil jeder Mensch Wissen und Handeln biographisch bedingt über Erfahrungen produziert, scheint es sinnvoll, an diese Erfahrungswerte anzuknüpfen (vgl. Kap. 3.2.1 Interdisziplinarität als Denkstil): „Menschen konstruieren ihre eigene Wirklichkeit. Das, was wir Erinnerung nennen, ist […] ein komplexes und kompliziertes Konglomerat der Reproduktion von vergangener Wirklichkeit, des Erlebens dieser Wirklichkeit, des Speicherns dieses Erlebens, des Zugriffs auf das Gedächtnis und der Intentionen des Zugriffs." (Ruhe 2014, S. 19) Dieses Erinnern und die Erfahrungen stehen jedem Menschen als das Erlebte zur Verfügung. Argumentationen, Perspektiven und Denkstile entwickeln sich auf Basis dieser Grundlagen. Die Methode Zukunftswerkstatt bedenkt diesen Grundsatz und stellt sich wie folgt dar:

1) Die erste Phase ist die Vorbereitungsphase, in der eine klare Definition der Rahmenbedingungen vorgenommen wird. Die Faktoren Raum und Zeit sind hier elementar: Schon die Festlegung und Organisation des Raumes (oft gestalterisch als offene Runde) kann als erstes Orientierungsmerkmal gesehen werden, ebenso wie die zeitliche Rahmung der Zukunftswerkstatt anhand eines Verlaufsplans. Wichtig ist, ein Problem festzulegen; dies erfolgt über den diskursiven, kommunikativen Austausch. Essentiell erscheint die Festlegung eines neutralen Moderators, der durch die Phasen führt und die Arbeit möglichst demokratisch leitet. Ziel ist die Formulierung einer konkreten, für alle Beteiligten verständlichen und bedeutsamen Fragestellung. Dies geschieht i. d. R. über ein kollektives Brainstorming, eine Ideensammlung, visuell dokumentiert, z. B. mit Hilfe einer Flipchart. Die Zukunftswerkstatt stellt damit einen Raum zur freien Entfaltung von Assoziationen und Gedanken zur Verfügung.

2) Die zweite Phase dient dazu, das Problem genauer zu bestimmen. Positive und negative Merkmale werden zusammengetragen und diskutiert, um ein möglichst umfassendes Bild zu gewinnen. Durch dieses Sammeln können Freiräume für Denken und Handeln entstehen und das gegebene Problem wird in Breite und Tiefe erfasst.

3) Es schließt sich die dritte Phase, die Visionsphase, an, in der eine Art Utopie entwickelt wird, wie die Zukunft nach den Ideen der Beteiligten verbessert werden soll. Diese Phase beinhaltet oft eine hohe emotionale Komponente, da es hier um die Wünsche der Teilnehmenden geht, wie ihr individuelles Zukunftsbild aussieht. Die Erfahrung des Austausches darüber, dass auch andere die eigenen Gedanken teilen, stellt häufig eine bereichernde und belebende Er-

fahrung für den gesamten Werkstattprozess dar – ein Gefühl des Verstanden-Werdens. Dies unterwandert häufig disziplinäre Hoheitsansprüche. „Die Botschaft dieses Dialogprozesses besteht zudem darin, daß alle Beteiligten wichtig für die Lösung des Problems sind und daß ihre individuellen Sichten gehört und ernstgenommen werden. Hierdurch werden die oftmals zersplitterten und gegeneinander kämpfenden Energien auf die gemeinsame Problemlösung fokussiert." (Burow 2000, S. 176; vgl. Burow & Rüppel 2001) Für eine interdisziplinäre Zusammenarbeit liegt hier die Chance, Machtstrukturen und ideologisches Denken durch kommunikativ geteilte Erfahrungswerte aufzubrechen. Selbst wenn die Ressourcen der Einzelnen auseinandergehen, kann eine Konzentration auf das für alle Beteiligten relevante Problem zu Synergieeffekten führen. Um den Visionen der Zukunft näher zu kommen und die Utopien stückweise aufzulösen, muss ein Ablaufplan erarbeitet werden, der zeigt, wie die Ideen realisiert werden können.

4) In der Realisierungsphase erfolgt deshalb die Erarbeitung konkreter Handlungspläne. Die Methode sieht vor, dass dies nicht im Plenum, sondern in Kleingruppen geschieht. Dies erleichtert den Prozess des diskursiven Austausches und das Arbeiten an Unterthemen. Die Ergebnisse werden wieder ins Plenum zurückgeführt und in Teilschritten diskutiert. Die Ideen werden so auf ihre Tragfähigkeit hin bewertet und schriftlich fixiert, sobald ein adäquater Plan erarbeitet worden ist.

5) Eine reflexive Abschlussphase schließt die Zukunftswerkstatt. Auch hier wird versucht, über den kommunikativen, diskursiven Austausch Probleme und Verbesserungen zu erarbeiten. „Kennzeichnend für eine Zukunftswerkstatt ist die Transparenz der Argumente" (Sellnow o. J., S. 6). Dies beugt kommunikativen Missverständnissen und falschen Erwartungen vor und ist gerade bei fachübergreifendem Austausch zu berücksichtigen.

Im Hinblick auf Interdisziplinarität lässt sich zunächst darauf verweisen, dass ein Grundkriterium der Methode darin besteht, das (Alltags-) Wissen und die Erfahrungen aller Beteiligten einzubeziehen. Wie kaum eine andere Methode orientiert sich die Zukunftswerkstatt an einem demokratischen Prinzip, das disziplinäre Restriktionen bewusst zu machen bzw. von diesen zu befreien versucht. Jede Person ist im Prozess gleichberechtigt beteiligt; keine Disziplin besitzt eine Vormachtstellung gegenüber den anderen. Über einen reflexiven Austausch aus Sicht divergierender Disziplinen kann der Vorteil entstehen, Sichtweisen eines anderen Feldes kennenzulernen und neue Denkanstöße zu bekommen. Durch die anfänglich sehr offene Arbeitsweise werden viele Aspekte gesammelt und es wird noch keine Gewichtung der jeweiligen Standpunkte vorgenommen. Durch den Schritt des konsultativen Bearbeitens ergibt sich eine Filterung, bei der jedem Teilnehmenden die Option des Argumentierens obliegt. Erst wenn das Problem gemeinsam definiert und eingegrenzt worden ist, erfolgt die weitere Erarbeitung. So grenzt sich auch das Problem der unterschiedlichen disziplinären Sprachen zumindest teilweise ein, indem versucht wird, klare Strukturierungen vorzunehmen, die Missverständnisse weniger zulassen und die Vorstellungen aller Beteiligten berücksichtigen. Die Zukunftswerkstatt ist deshalb vor allem als bedürfnisgerechte Methode einzuschätzen. Das Individuum wird nicht dazu verleitet, seine disziplinären Erfahrungen zu determinieren, sondern dazu ermutigt, das inkorporierte Erfahrungswissen und die jeweiligen Denkstile, die u. a. aus dem disziplinären Kontext entstammen, zu nutzen. Demokratisches Aushandeln kann in der Zukunftswerkstatt daher als Vorteil angesehen werden. Neben der Kommunikationssituation müssen räumliche und zeitliche Vorgaben berücksichtigt werden. Unabhängig davon, ob der Raum einen festen, dinglichen Ort (z. B. ein Forschungslabor) oder einen virtuellen Platz im Netz darstellt, dient seine Definition als Orientierungsrahmen. Daneben lohnt es sich, einen Zeitplan festzulegen. Dies wird durch die drei Phasen (Kritik, Vision, Verwirklichung) der Zukunftswerkstatt unterstützt. Mit der klaren Struktur und einer neutralen Moderation kann die Methode im Kontext interdisziplinärer Fragestellungen dazu dienen, Probleme konkret zu definieren und diskursiv anzugehen. Die hohe Transparenz der Vorgehensweise hilft, Missverständnissen vorzubeugen, was gerade bei interdisziplinärem Austausch eine starke Bedeutung hat. Der Fokus liegt auf einer gemeinsamen Definition der Problembasis. Dazu werden Alltagserfahrungen und disziplinäre Hintergründe der beteiligten Subjekte berücksichtigt.

Mit einer zunehmenden Ausdifferenzierung und Komplexität von Fragestellungen ist ein starres Festhalten der Wissenschaft an disziplinären Abgrenzungen vielleicht nicht mehr zeitgemäß; gleichwohl existieren noch immer eine Reihe von Problemstellungen, die sinnvollerweise nur aus einer Disziplin heraus bearbeitet werden können. Dennoch gibt es eben auch Aspekte, die zunehmend nur gemeinsam bearbeitet werden können. Insofern ist es wichtig, dass sich das Arrangieren von Lehr-Lern-Prozessen diesen veränderten Bedingungen annimmt und nach Möglichkeiten der Neugestaltung von Lehrformaten oder der Neuentdeckung von Methoden sucht, die interdisziplinäres Arbeiten anregen können.

Zusammenfassung:
- Bestimmte Methoden (exemplarisches Prinzip, Projektmethode, Teamarbeit, Zukunftswerkstatt) können zur Unterstützung und Förderung interdisziplinärer Kompetenzen eingesetzt werden.
- Interdisziplinäre Teamarbeit erfordert in besonderem Maße eine Anpassungsleistung jeder Akteurin/jedes Akteurs innerhalb der Arbeitsgruppe.
- Unterschiedliche Typen, verschiedene Disziplinen und berufliche Erfahrungen wirken sich auf gelingende Teamarbeit aus.
- Orientiert sich die Teamarbeit als Methode interdisziplinären Arbeitens an kollektiven Lösungen, so ist es im Fall der Projektmethode eher die individuelle Kompetenzerweiterung. Letztere wird bestimmt durch Perspektiverweiterung, Selbstreflexion und Kommunikationsfähigkeit.
- Die Methode „Zukunftswerkstatt" zielt darüber hinaus als demokratischer Ansatz durch gleichberechtigte Partnerinnen und Partner auf eine Problemlösung im Team ab.

Weiterführende Fragen:

- Mit welcher dieser Methoden haben Sie bereits Erfahrungen im Kontext von Lehr-Lern-Situationen machen können? Reflektieren Sie, an welchen Stellen sie mit diesen Methode(n) persönlich besonders Lernerfolge erzielt haben und welche Sie im Kontext interdisziplinären Arbeitens als erfolgsversprechend bewerten würden?
- Zeigen Sie an einem selbstgewählten Beispiel, wann in einer von Ihnen erlebten Situation Teamarbeit besonders gut funktioniert hat und warum bzw. wann und warum eine Teamarbeit aus Ihrer Sicht gescheitert ist. Überlegen Sie im Anschluss daran, inwiefern Erwartungen aller Beteiligten im Voraus klar definiert worden waren. Wo gab es Erfolge bzw. Probleme inhaltlicher und beziehungstechnischer Art im Team?
- Reflektieren Sie, ob und wenn ja an welchen Stellen das von Ihnen eben gewählte Beispiel einer interdisziplinären Teamarbeit durch das Modell der Zukunftswerkstatt effektiver hätte gestaltet werden können. Wo sehen Sie besondere Chancen bzw. weiterhin kritische Aspekte (z. B. unter dem Gesichtspunkt Anpassung, Arbeitsgewohnheiten, Kommunikation etc.)?

5.3 Merkmale gelingender Interdisziplinarität

Durch die bisherige Bearbeitung von Interdisziplinarität wurde deutlich, dass zahlreiche Chancen, aber auch Schwierigkeiten (u. a. sprachliche Probleme, disziplinäre Skepsis) existieren. Neben diesen können noch weitere Hemmnisse gegenüber interdisziplinärem Austausch von Seiten der Beteiligten benannt werden, welche noch einmal gebündelt werden sollen:

- Fachspezifische Methoden behindern die Vernetzung mit anderen Disziplinen,
- bestehende Paradigmen und „Scheuklappen" oder Nicht-Ernstnehmen anderer Disziplinen engen ein vorurteilsfreies Denken ein,
- ein fehlendes Benennen von disziplinären und interdisziplinären Erkenntnisinteressen führt zu Verständigungsschwierigkeiten (vgl. Sukopp 2013 (2), S. 15) und

- aus einer starken disziplinären Einbindung erschließt sich für die Akteurinnen und Akteure der „Mehrwert" interdisziplinären Austauschs nicht immer unmittelbar.

Damit wird deutlich, dass neben Ressentiments ganzer Disziplinen oder Organisationen auch die Personen selbst vielleicht (berechtigte) Argumente oder Vorbehalte gegenüber interdisziplinärem Tun und Denken haben. Daher scheinen Voraussetzungen von Interdisziplinarität zu sein:

- der wechselseitige Wille zu lernen,
- die Erarbeitungen von interdisziplinären Kompetenzen,
- die Auseinandersetzung mit anderen Wissenschaften,
- die Re-Formulierung in einer bestimmten allgemeingültigen Sprache (als Wirkung des Austauschs mit anderen),
- die Erstellung von Produkten (z. B. ein gemeinsamer Text) (vgl. Mittelstraß 2005, S. 22f.; Schneider 1993).

Beispielhaft kann das mit einem Projektbericht der Allgemeinen Ökologie der Universität Bern verdeutlicht werden: Ökologie wird dort interdisziplinär verstanden, weil sie erst dadurch flexibel auf neue Umweltthemen und -probleme reagieren kann. Sie soll sich aber nicht als eigenständige Disziplin etablieren. Ökologie ist demnach „die Lehre von den wechselseitigen Wirkungszusammenhängen zwischen Mensch und Umwelt mit ihren physischen, sozialen, kulturellen, wirtschaftlichen und politischen Aspekten. Diese gesamtheitliche Betrachtung bezieht deshalb alle Wissenschaften ein" (Di Giulio, Defila & Künzli 2001, S. 102). Aus diesem Verständnis gründet sich auch die spezielle Konzeption des Studiums an der Universität Bern, es ist nicht stoff-, sondern lernzielorientiert (vgl. ebd., S. 112–117.). Kennzeichnend für die Ökologie ist ein „*offen formulierter Gegenstandsbereich*", sie wird „*nicht über bestimmte Disziplinen oder Teildisziplinen*" definiert und zeichnet sich durch einen „*inter- und transdisziplinären Ansatz*" (ebd., S. 103, Hervorhebungen im Original) aus. Die Ökologie zieht Expertinnen und Experten aus anderen Wissenschaften gezielt bei Problemen und Fragestellungen hinzu. „Allgemeine Ökologie ist demnach keine zusätzliche Disziplin zu den bestehenden Disziplinen, vielmehr wird angestrebt, das Thema Mensch-Natur in die tradierten Disziplinen hineinzutragen." (ebd., S. 103)

Die Zusammenarbeit von inter- und transdisziplinärer Forschung beruht auf Konsens, Integration und Diffusion (vgl. ebd., S. 106). Durch die Heterogenität gestaltet sich dieser Konsensbildungsprozess jedoch als relativ schwierig. Weitere Problemfelder sind: Kommunikationsschwierigkeiten (Fachsprache, Missverständnisse), Methodenprobleme, Gegenstandsbeschreibung, Vorurteile, gruppendynamische Probleme (vgl. ebd., S. 107). Interdisziplinarität ist auf andere Disziplinen angewiesen und ist eine Ergänzung zu Disziplinen, weil Disziplinen eigene (Sub-)Kulturen entwickelt haben, die jeweils erschlossen werden müssen. Studierenden der Universität Bern werden Kompetenzen zum erfolgreichen interdisziplinären Arbeiten vermittelt, um mit oben genannten Problemen in der Praxis angemessen umgehen zu können. Zum Beispiel: Realitätserfassung der eigenen und anderen Disziplin/-en, Wissenschaftsverständnis, Begrenztheit der eigenen Theorie, Tradition, Werte, Ziele, Interessen, Sprache, Methoden der eigenen Disziplin, Gruppenarbeits- und Kommunikationsprozesse (vgl. ebd., S. 108f.). Dies kann u. a. über exemplarisches Lernen (vgl. Kap. 5.2.1 Exemplarisches Prinzip), gemeinsame Fragestellungen oder forschendes Lernen gefördert werden. Denise Didion und Matthias Wiemer stellen „,forschendes Lernen als interdisziplinäres Element des Studiums Fundamentale' an der Technischen Universität Dortmund […] [vor.] Dabei soll es den Studierenden schon früh ‚durch Forschung in fächergemischten Teams' ermöglicht werden, ‚direkte Grenzen eigener Erkenntnisgewinnung sowie insbesondere Synergieeffekte zu erfahren und eine Verknüpfung zwischen einzelnen Disziplinen herzustellen'" (Schneewind 2012, S. 213; vgl. auch Euler 2005; Reinmann 2013). Durch die „fachliche Kompetenz, Erfahrungsoffenheit und Kooperationsbereitschaft" (Schneewind 2012, S. 216) können inhaltliche sowie organisatorische Neuerungen entstehen.

Versucht man diese unterschiedlichen Aspekte zu bündeln, lassen sich bestimmte Spielregeln für gelingende Interdisziplinarität aufweisen:
* Interdisziplinäres Lehren, Lernen und Forschen erfordert organisatorische Voraussetzungen. Dazu gehört neben grundlegenden Be-

dingungen der Arbeit insbesondere auch die Klärung der immerwährenden Frage nach der Gleichberechtigung in interdisziplinären Verbünden (vgl. Sedmak 2003, S. 12).

- Kompetenzen können auch als Voraussetzung von interdisziplinären Projekten und Arbeitsformen angesehen werden (vgl. Kap. 3.2.2 Systematische Annäherung). Solche Voraussetzungen sind beispielsweise Empathie, Kritik- und Teamfähigkeit. Zudem sind die jeweilige disziplinäre Sprachkultur bzw. individuelle sprachliche Fähigkeiten zu berücksichtigen. Die Sensibilität für eigene und andere disziplinäre Sprachen kann dabei passiv und aktiv sein und erzeugt auch ein Bewusstsein für die aktuelle, historisch gewordene Sprache.

- Interdisziplinäres Lehren, Lernen und Arbeiten schließt ein Verständnis der eigenen Disziplin und ihrer Akteurinnen und Akteure ein. „Die *Gemeinsamkeiten* sind hier ebenso wichtig wie die *Differenzen*. Das Wissen um andere Disziplinen verschärft das Wissen um die eigene Disziplin." (Sedmak 2003, S. 14, Hervorhebung im Original) Daher ist eine Vergegenwärtigung und Verständigung über das eigene Fach sowie die Sinnhaftigkeit von interdisziplinärem Austausch notwendig. Dies setzt die Fähigkeit und Bereitschaft zur Reflexion von Innen- und Außensicht voraus und hilft die eigene (über-)fachliche Perspektive zu schärfen. Durch die Irritation von Außen, durch neue Erfahrungen und Erkenntnisse muss die eigene Person und das eigene disziplinäre Selbstverständnis reflektiert werden. Das kann dazu führen, dass bisherige Perspektiven bestätigt oder modifiziert werden. Letzteres kann eine klarere Positionierung gegenüber der eigenen Disziplin meinen, es kann aber auch ein Verbinden mehrerer Disziplinen oder das Integrieren fremder Sichtweisen in die eigene Denk- und Handlungsweise meinen. Somit können neue Räume entstehen. Solche müssen dann belebt und als Übergang und neuer Zustand gestaltet werden.

- Interdisziplinarität ist mit Interkulturalität vergleichbar, weshalb eine bestimmte Form des Dialogs wichtig ist. Der interdisziplinäre Verständigungsprozess benötigt ein gewisses Maß an Selbsteinschätzung sowie Kenntnis anderer Disziplinen, der Handlungssituation sowie der beteiligten Personen (vgl. ebd., S. 15).

Verständnis und Verständigung sind wesentliche Merkmale interdisziplinären Wahrnehmens, Denkens und Arbeitens, die sowohl Denkstil als auch Kompetenz beinhalten. Inwieweit dies ausgebildet und überprüft werden kann, hängt vom Einzelfall, den beteiligten Fächern/Disziplinen und den jeweiligen Personen ab.

Zusammenfassung:

- Ein mögliches Fördern von Interdisziplinarität und interdisziplinären Kompetenzen muss sowohl individuell als auch institutionell erwünscht sein und unterstützt werden.
- Neben einer individuellen und kollektiven Bereitschaft sind auch einige Voraussetzungen zu berücksichtigen und zu gestalten, um Interdisziplinarität zu fördern und ggf. zu evaluieren. Solche Bedingungen sind u. a. organisatorische Vorarbeiten, soziale Kompetenzen wie Team-, Kritik-, Kommunikationsfähigkeit, ein Bewusstheit der eigenen Disziplin sowie die Bereitschaft zum Dialog mit anderen Disziplinen, Kulturen und Organisationen.

Weiterführende Fragen:

- Achten Sie bei einer Gelegenheit (vielleicht zunächst in Alltagsgesprächen) einmal darauf, wie von Ihnen gesendete kommunikative Botschaften sowohl gewollte als auch ungewollte Reaktionen hervorrufen. Wie nehmen Sie Irritationen wahr? Versuchen Sie sich dieser Faktoren bewusster zu werden und diese durch transparente Alternativen in Ihre Kommunikation und interdisziplinäre Arbeit einzubinden.
- Prüfen Sie, ob Sie in Ihrem Arbeitsumfeld Situationen finden, die Sie eindeutig disziplinär oder interdisziplinär einordnen würden. Woran machen Sie das fest?

5.4 Interdisziplinäres Studieren und Arbeiten evaluieren

Wenn es Merkmale gelingender Interdisziplinarität gibt, wie vorher beschrieben, ist es nur konsequent, nach der didaktischen Ebene nun die Ebene der Evaluation zu beleuchten. Sicher ist es für interdisziplinäres Studieren und Arbeiten von besonders hohem Interesse, ob und wenn ja, auf welche Weisen interdisziplinäre Kompetenzen bei Studierenden, Lehrenden und ggf. auch den weiteren Akteurinnen und Akteuren erhoben werden können. Da das Thema der Evaluation selbst schon vielschichtig ist, muss es hier etwas umfassender betrachtet werden. Erst auf dieser Basis wird im Anschluss der Transfer zur Interdisziplinarität hergestellt.

5.4.1 Evaluation, Kompetenz und Interdisziplinarität

Der Anspruch der Kompetenzorientierung stellt auch die Evaluation von Lehr-Lern-Situationen mit interdisziplinärem Anspruch vor große Herausforderungen. Schon die Evaluation traditioneller Seminare ist nicht einfach, wenn man über reine Zufriedenheitsbefragungen hinauskommen und den Lernerfolg feststellen will. Denn die eindeutige Zurechenbarkeit eines Lernerfolgs zu einer Weiterbildungsmaßnahme bereitet aufgrund der Komplexität von Lernprozessen – selbst- oder fremdgesteuert, formal, non-formal oder informell, seminaristisch oder in Blended-Learning-Formaten usw. – eine Reihe von Schwierigkeiten. Dennoch benötigen Studium, Lehre und Weiterbildung solche Evaluationen einerseits als Legitimation ihrer Existenz im Erziehungs- und Bildungssystem (vgl. Häring 2003, S. 18) und andererseits als Instrument zur didaktischen Kontrolle, Reflexion, Steuerung und Optimierung der Bildungsmaßnahme (vgl. Reischmann 2003, S. 24).

Voraussetzung für eine konkrete Nutzen- bzw. Erfolgsmessung von interdisziplinären Kompetenzseminaren ist zunächst die Definition von Erfolgskriterien für Bildungsmaßnahmen. Denn Evaluation bezieht sich auf die Erfassung, Dokumentation und Bewertung von Daten, um das Erreichen eigener Ziele zu prüfen und zu bewerten.

„Evaluation meint
1) das methodische Erfassen und
2) das begründete Bewerten von Prozessen und Ergebnissen zum
3) besseren Verstehen und Gestalten einer Praxis-Maßnahme im Bildungsbereich durch Wirkungskontrolle, Steuerung und Reflexion" (Reischmann 2003, S. 18).

Für eine aussagekräftige Evaluation ist es also wichtig, aus Organisations- bzw. Projektzielen einen Soll-Zustand für die Aus- und Weiterbildung (von Studierenden, Forschenden und praktisch Tätigen) abzuleiten. Denn erst durch den Vergleich von angestrebtem Soll-Wert und Ist-Zustand wird es möglich, den Erfolg einer Bildungsmaßnahme und den daraus entstehenden Mehrwert für eine Organisation sichtbar zu machen sowie Verbesserungspotential zu diagnostizieren und auf dieser Basis dann Folgeveranstaltungen einzuleiten. Das Bewerten der Prozesse und Ergebnisse erfolgt anhand methodisch erhobener Daten (ordinal, nominal), die es ermöglichen, Ist-Zustand und angestrebten Soll-Wert zu vergleichen. Dies setzt jedoch voraus, dass die Soll-Werte begründet und erläutert werden. Erst dadurch wird der gesetzte Maßstab überprüfbar und nachvollziehbar. Folgende Fragen können als Leitfaden (vgl. Abb. 1) dienen, um den Ablauf zu ordnen (vgl. Bender, Emmert & Lerch 2009):

Warum will ich evaluieren?	Definition des Evaluationsgegenstands und konkreter Evaluationsziele, des Verwertungszusammenhangs der Ergebnisse
Unter welchen Bedingungen kann ich evaluieren?	Feststellung der Bedingungen und der Beteiligten
Was will ich evaluieren?	Gegenstand festlegen: Klärung des erwarteten Nutzens des geplanten Vorhabens
Vor welchem Hintergrund will ich evaluieren?	Entwicklung von Bewertungsmaßstäben für einzelne Indikatoren und Kriterien
Wen will ich evaluieren?	Daten-/Informationsquellen festlegen und dokumentieren
Wie will ich evaluieren?	Gezielte Auswahl und Einsatz von Evaluationsmethoden
Wie kann ich evaluieren?	Mögliche Störungen in der Praxis durch die Datenerhebung berücksichtigen, begründete Entscheidung je nach Datenart: qualitative und/oder quantitative Auswertung
Wozu will ich evaluieren?	Zielgruppe für Veröffentlichung der Ergebnisse festlegen
In welchem Umfang und Rhythmus soll evaluiert werden?	Sparsame Systematik: Nur solche Daten erheben, die später tatsächlich ausgewertet werden

Abbildung 1: Leitfaden zur Planung von Evaluationen (vgl. Bender, Emmert & Lerch 2009)

Das Kriterium des Erfolgs kann dabei auf das Individuum, die Organisation oder die Gesellschaft hin bezogen sein. Als zentrales Evaluationsproblem stellt sich die Frage, wer Kriterien und Maßstäbe definiert (vgl. Reischmann 2003, S. 22). Idealerweise werden die Soll-Werte in gemeinsamer Arbeit aus den Organisationszielen und festgelegten Lernzielen abgeleitet. Gleichzeitig müssen aber persönliche Ziele der Individuen berücksichtigt werden, weil diese die Qualität des (interdisziplinären) Bildungsgeschehens mitbestimmen. Zudem ist es für Akteurinnen und Akteure nicht leicht, „zu definieren, was für wen denn nun ‚Erfolg' ist und was nicht" (Reischmann 2003, S. 122). Lerninhalte werden für die Lernenden erst sinnhaft und bedeutungsvoll, wenn sie erkennen, dass vermitteltes Wissen und Fähigkeiten für das eigene Studium bzw. für die eigene Arbeitssituation wertvoll sind und ihnen dazu verhelfen, Situationen oder Personen anders einzuschätzen oder mit diesen anders umzugehen, als das bisher der Fall ist.

5.4.2 Ebenen und Instrumente der Evaluation

Die verschiedenen Interessengruppen (Lehrende, Lernende, Organisationen usw.), die am Bildungsprozess beteiligt sind, verfolgen unterschiedliche Ziele. Im interdisziplinären Feld ist das besonders der Fall. Jede dieser Ebenen bezieht sich auf eigene Ausgangspunkte und Ziele der jeweiligen Evaluation. Um den Nutzen einer interdisziplinär akzentuierten Bildungsmaßnahme weiter bestimmen zu können, muss vor der Durchführung der Evaluation festgelegt werden, welche Interessengruppen und welche Erfolgskriterien angesprochen werden (vgl. Häring 2003, S. 24).

Je nach Evaluationsziel und -ebene werden unterschiedliche Evaluationsinstrumente eingesetzt, mit denen sich Daten über die Wirkungsweise von Bildungsmaßnahmen sammeln und bewerten lassen.

Evaluationsbereich	Evaluationsinstrumente
Zufriedenheit	Mündliche Befragung Schriftliche Befragung
Lernerfolg	Tests (im kognitiven Bereich) Mündliche Befragung Schriftliche Befragung
Transfererfolg	Beobachtung Mündliche Befragung in Kombination mit Maßnahmenkatalog/Aktionsplan/Vertrag mit sich selbst Schriftliche Befragung (360°-Feedback) Projektarbeit
Organisationserfolg	Mündliche Befragung Schriftliche Befragung Kennzahlen

Abbildung 2: Evaluationsbereiche und -instrumente (in Anlehnung an Häring 2003, S. 96) (vgl. Bender, Emmert & Lerch 2009)

Zufriedenheit

Das Feststellen der Teilnehmerzufriedenheit findet oft *summativ* zum Seminarabschluss oder kurz danach statt. Die Instrumente, die zur „Messung" der Zufriedenheit eingesetzt werden, sind meist standardisierte Fragebögen oder auch Punktbewertungen, wie beispielsweise die Thermometerauswertungen (vgl. Reischmann 2003, S. 47f.; Arnold & Krämer-Stürzl 1995). Als erster Schritt der Evaluation ist das positiv, da damit erste Rückmeldungen zum Gelingen der Veranstaltung gewonnen werden können. Sie muss durch weitere Ebenen ergänzt werden, um vertiefte Informationen bezüglich der Bewertung des Lehr-Lern-Geschehens zu gewinnen.

Lernerfolg

Der Lernerfolg wird anhand der Erreichung der Lernziele überprüft. Die verwendeten Instrumente testen, inwiefern Wissen und Kompetenzen erworben wurden, und variieren von mündlichen, schriftlichen bis hin zu digitalen Prüfungsaufgaben.

Diese Evaluationsstufe gibt Auskunft über erste qualitative Einschätzungen zum Seminarerfolg und, sofern die Anwendbarkeit auf dem Arbeitsplatz abgefragt wird, auch zum Transfererfolg. Der Lernerfolg ist Voraussetzung für den Transfererfolg, denn nur das, was gelernt wurde, kann später auch umgesetzt werden. Dieser Erfolg ist aber noch kein Garant für die Umsetzung am Arbeitsplatz (vgl. Häring 2003, S. 33). Die Kriterien zur Messung des Lernerfolgs richten sich nach den Zielen der Bildungsmaßnahme. Das bedeutet, dass bei dem Ziel, bestimmtes Wissen zu erlangen (z. B. über die Anwendung einer Software), der Lernerfolg durch einfache Wissenstests erhoben werden kann. Bei anderen Zielen, beispielsweise der Verbesserung der internen Kommunikation, gestaltet sich diese Messung durchaus komplexer (vgl. Weiß 2005, S. 40). Schwierig erweist sich darüber hinaus, dass auf dieser Ebene noch nichts darüber ausgesagt werden kann, ob der Lernende die erworbenen Kenntnisse und Fähigkeiten in Studium, Lehre und Arbeit auch umsetzen kann. Konkrete Aussagen darüber werden erst auf der Ebene des Transfererfolgs möglich.

Transfererfolg

Der Transfererfolg stellt sich dann ein, wenn das Gelernte auf die realen Kontexte übertragen wird. Direkte „Messungen" lassen sich daher nur im konkreten Umfeld durch Beobachtungen, Gespräche und Befragungen von Studierenden, Mitarbeitenden oder Vorgesetzten durchführen. Der Messzeitpunkt muss dabei einerseits so gewählt werden, dass das Gelernte in Studium, Lehre und Arbeit bereits angewendet werden konnte (vgl. Harney 1998, S. 147f.) und andererseits so früh gewählt sein, dass sich die Akteurinnen und Akteure an die Weiterbildung noch angemessen erinnern. Außerdem muss berücksichtigt werden, in welcher Form und zu welchem Zweck die Weiterbildung stattgefunden hat (vgl. Bender, Emmert & Lerch 2009). Denn es macht einen Unterschied, ob eher fachliches Wissen oder interdisziplinäre Kompetenzen im Mittelpunkt des Bildungsgeschehens standen.

Grundsätzlich muss genau betrachtet werden, um welchen Kontext, um welche Art der Kompetenzfeststellung usw. es sich handelt. Daneben sind die Interessen der Beteiligten sowie der disziplinären Hintergründe zu berücksichtigen. In bestimmter psychologischer oder wirtschaftspädagogischer Ausrichtung wird man vielleicht leichter von einer Messbarkeit von (interdisziplinären) Kompetenzen sprechen, als etwa in kulturwissenschaftlichen oder soziologischen Perspektiven. Das hängt nicht nur mit den jeweiligen Gewohnheiten im Hinblick auf quantitative Zugänge zusammen, sondern es hat auch damit zu tun, was genau mit dem jeweiligen Studiengang oder dem praktischen Projekt verfolgt wird und was als Ziel gesetzt ist. Je nach Ausrichtung wandelt sich der Glaube an das Feststellen von (interdisziplinären) Kompetenzen.

5.4.3 Besonderheiten der Evaluation in interdisziplinären Kontexten

Zur Feststellung interdisziplinärer Kompetenzen sind unterschiedliche Instrumentarien denkbar. Es existieren einige Schwierigkeiten, die zu berücksichtigen sind. So müsste immer wieder der Kontext geklärt und festgelegt werden, von dem angenommen wird, dass genau in diesem die bestimmten (interdisziplinären) Kompetenzen gefördert wurden (und nicht anderswo). Denkt man etwa an Perspektivwechsel oder Ambiguitätstoleranz, dann wird diese Schwierigkeit einer Evaluation sichtbar. Trotz dieser Grenzen sind einige Möglichkeiten denkbar. Zur Veranschaulichung seien drei Varianten vorgestellt und diskutiert, welche auch vor dem Hintergrund von Aufwand und Nutzen ertragreich erscheinen. Interdisziplinäre Kompetenzen könnten festgestellt werden durch: (1) Quantitative Fragebögen für Studierende/praktisch Tätige; (2) Qualitative Gruppeninterviews mit Akteurinnen und Akteuren (z. B. Studierende) und (3) Beobachtungen von Produktvorstellungen, die interdisziplinär entwickelt wurden.

1) Eine Variante zur Kompetenzfeststellung ist ein Fragebogen (vgl. u. a. Braun 2008). Um den „Zuwachs" an (interdisziplinären) Kompetenzen festzustellen, können Fragestellungen wie „Im Modul habe ich gelernt, meine Perspektiven gegenüber anderen klarer abzugrenzen" oder „Durch das Modul bin ich jetzt in der Lage, meinen eigenen Standpunkt besser zu vertreten" gewählt werden. Damit wird zum einen deutlich, dass eine Feststellung eines Zuwachses

an Kompetenzen nicht immer eindeutig an konkrete und klar abgrenzbare Situationen gebunden ist (vgl. Lerch 2016, S. 206), denn auch in alltäglichen Zusammenhängen wird über einen bestimmten Zeitraum Kompetenz erworben. Zum anderen wird deutlich, dass bestimmte Fragestellungen auf konkrete Kompetenzbereiche (u. a. Sichtweisen unterschiedlicher Disziplinen) oder interdisziplinäre Einzelkompetenzen (u. a. Ambiguitätstoleranz) abzielen. Beides muss berücksichtigt werden, um einen sinnvollen Fragebogen zu entwickeln.

2) Eine weitere Möglichkeit, Interdisziplinarität und interdisziplinären Kompetenzen nachzugehen und diese zu analysieren, besteht in Gruppeninterviews. Durch solche Gespräche mit den Beteiligten (im Idealfall aus verschiedenen Disziplinen) werden nicht nur Ergebnisse, sondern vor allem Prozesse sichtbar. Durch Antworten auf Impulsfragen (u. a. zu Teamarbeit) und durch Aushandlungen in den Gesprächen werden Verständnisweisen und Perspektiven zu diesen Themenfeldern deutlich. Hier lassen sich auch Hinweise auf Organisationsstrukturen, Arbeitsabläufe und Lehrkonzeptionen gewinnen, die interdisziplinäres Lernen und Lehren anregen (wollen). Dazu ist es möglich, Gruppengespräche aufzunehmen, (in Passagen) zu transkribieren und sie dann nach bestimmten, vorher festgelegten Kriterien und/oder offen auszuwerten. Beide Zugänge sind berechtigt, müssten aber im Hinblick auf zu erwartenden Ertrag, auf Zielgruppen, auf Ziele usw. hin angepasst werden.

3) Neben diesen beiden eher auf Selbsteinschätzung (1) bzw. auf Selbst- und Fremdeinschätzung (2) beruhenden Verfahren ist eine Fremdeinschätzung denkbar. Möglich ist es, Präsentationen von projektbezogener Arbeit zu beobachten und mit einem Auswertungsbogen zu analysieren. In einer realen Probesituation wird es durchführbar, insbesondere soziale und kommunikative Kompetenzen zu beobachten, zu filtern und zu bewerten. Daneben können Rückschlüsse auf das Problembewusstsein und die Einschätzung von eigenen und anderen Sichtweisen erkannt werden. An dieser Stelle liegen interdisziplinäre Kompetenzen stark im sozialen und personalen Bereich, gleichwohl können etwa über Themen-

stellung und Aufbereitung Rückschlüsse auf fachliche und methodische Qualifikationen gezogen werden. Sicherlich beinhaltet ein solches Verfahren manche Unschärfen (u. a. von der Kommunikation der Gruppe wird teilweise auch auf akteursbezogene Kompetenzen geschlossen), aber das Instrumentarium bietet Möglichkeiten zur Fremdeinschätzung interdisziplinärer Kompetenzen (vgl. Bender, Lerch & Scheffel 2014). Entgegen den anderen beiden Verfahren liegt hier der Fokus eher auf dem Feststellen des Ist-Stands als auf einer Diagnose von Zuwachs und Entwicklung.

Insgesamt ist bei einer Evaluation von interdisziplinären Kompetenzen stets der Kontext zu berücksichtigen, in dem sie stattfindet. So ist etwa zwischen den Feldern Forschung und Praxis zu unterscheiden, aber auch die Ausrichtung und der Nutzen der Evaluation zu bedenken (u. a. Überprüfung von Lehr-Lern-Formaten in universitären Kontexten oder Projektevaluation in einem unternehmerischen Kontext). Nur vor diesem Hintergrund ist der Einsatz solcher Instrumente sinnvoll und gerechtfertigt.

Zusammenfassung:
- Interdisziplinäre Kompetenzen können bedingt evaluiert werden.
- Dabei muss geprüft werden, welche Ebene der Evaluation (Teilnehmerzufriedenheit, Lernerfolg, Transfererfolg) fokussiert wird.
- Ein Zugewinn (interdisziplinärer) Kompetenzen ist nicht mess-, sondern allenfalls über Instrumente der Selbsteinschätzung sowie über Kombinationen von Selbst- und Fremdeinschätzung feststellbar.

Weiterführende Fragen:
- Inwiefern können interdisziplinäre Kompetenzen aus Ihrer Sicht evaluiert werden?
- Inwiefern sind Evaluationen für Ihren Kontext notwendig und sinnvoll?

5.5 Fazit: Möglichkeiten und Grenzen interdisziplinärer Kompetenzen in der Praxis

Die Lern- und Wissensgesellschaft ist dadurch gekennzeichnet, dass das Wissen aus allen möglichen Bereichen zeitgleich und wenig gesteuert entsteht. Daraus folgt ein interdisziplinärer Appell an Hochschulen, Unternehmen und Organisationen, die Bereiche dahingehend auszubauen, fachübergreifende Wissensgenerierung zu ermöglichen (vgl. Brödel 2000, S. 23; Bisani et al. 1993), was auch an neuen übergreifenden Fragestellungen (u. a. Migration, Digitalisierung) deutlich wird. Damit wird ein schlichtes Nebeneinander von einzelnen Disziplinen geändert; die Fachgrenzen überschreitende Zusammenarbeit innerhalb von Lehr-Lern-Prozessen wird geweitet. Neben Forschung und Praxis ist auch die Ausbildung von Interesse. So begründet sich der Auftrag zur Gestaltung interdisziplinärer Lehr-Lern-Prozesse auch aus der mangelnden Erfüllung ganzheitlicher Lernprozesse, welche den Individuen eine höhere Möglichkeit zur Wissenstransformation bieten würden. Gerade weil Individuen durch ihre biografischen Erfahrungswerte beeinflusst sind, würde ein interdisziplinärer Ansatz einem vereinfachten Rückbezug auf den jeweils vorliegenden Kontext entgegenkommen. Daraus ableitend ist der Zugewinn von interdisziplinären Verfahrensweisen (1) individuell und (2) organisational zu verorten:

1) Interdisziplinär ausgelegtes Lernen kann als Ressource für Kompetenzentwicklung betrachtet werden. Es geht um die Aneignungsperspektive bzw. auch um Anverwandlung (vgl. Rosa & Endres 2016) von Lernenden. Interdisziplinarität wird damit als synthetisierende Leistung des Subjekts verstanden. Diese Syntheseleistungen lassen sich im Bereich des Erwachsenenlernens beispielsweise durch biographische Methoden unterstützen. Da jedes Subjekt einen individuellen Erfahrungsraum aufweist, liegt die selektive Übertragungsleistung ebenfalls beim Individuum selbst (vgl. Kap. 3.2.1 Interdisziplinarität als Denkstil). Deshalb müssen diese Erfahrungshintergründe verstärkt in Weiterbildungen einbezogen werden. Daraus ergeben sich potentiell höhere Chancen zum Transfer und zur Kompetenzentwicklung.

2) Daneben kann sich Interdisziplinarität auch auf den organisationalen Rahmen beziehen. Dort kann sie auf disziplinäre und orga-

nisationsbezogene Umstrukturierung abzielen. Es ist möglich, die Verbindungen von Person und Organisation in den Blick zu nehmen. Eine Variante dies zu tun, besteht darin, Aussagen von Studierenden, Forschenden oder praktisch Tätigen auszuwerten. Die Lernenden bewegen sich sowohl in wissenschaftlichen als auch in nicht-wissenschaftlichen Kontexten, was ebenso zu bedenken ist. Die Analyse kann sich beispielsweise auf Arbeitsweisen, Umgangsformen, Irritationen usw. mit neuen Perspektiven und Handlungsweisen beziehen, um von dort aus mitgängige Erfahrungen und Deutungsmuster freizulegen.

Diese können einen Einblick in das disziplinäre und interdisziplinäre Selbstverständnis, in Chancen und Grenzen interdisziplinären Denkens und Tuns geben. Das Verständnis der eigenen beruflichen Identität zeigt sich – in einer Analyse von Dreke – als different: Während die Nicht-Studierten sich als praxisnah definieren, die im Kontrast zu den theoretisch arbeitenden Wissenschaftlerinnen und Wissenschaftlern stehen, betrachten die Forschenden selbst ihr Arbeitsfeld als Tätigkeitspraxis. Eine Grundskepsis gegenüber Interdisziplinarität blieb bestehen und begründete sich u. a. aus Ängsten des Scheiterns, der sozialen Distanz und der eigenen gesellschaftlichen Position. Es erfolgte eine hierarchische Unterscheidung zwischen Wissenschaft und Praxis, in der die Wissenschaft als die „überlegenere" Position definiert wurde (vgl. Dreke 2008, S. 295). Obwohl etliche Gründe (vgl. Kap. 1. Systematische Annäherung an Interdisziplinarität und interdisziplinäre Kompetenzen) für eine Aufwertung alltäglichen und lebensweltlichen Wissens gegenüber wissenschaftlichen Wissens existieren, bleibt dieses Verhältnis von Wissenschaft und Praxis bestehen.

Um interdisziplinäre Kompetenzen bereits vor der Praxis, d. i. in Studium und Lehre, zu fördern, sind einige Varianten denkbar. Es müssen aber auch Widerstände und Begrenzungen ernst genommen werden. Um dies ausreichend zu diskutieren und offenzulegen, wird im Folgenden auf Lehrende, Lernende und Organisationen geblickt. Diese Perspektive auf den hochschulischen/universitären Kontext ist notwendig, wenn es um Unterstützung interdisziplinärer Kompetenzen in Wissenschaft und Praxis geht.

6. Interdisziplinäre Kompetenzen als Herausforderung für Lehrende, Lernende und Organisationen

Kapitel 6 wendet sich den besonderen Aufgaben für Lehrende, Lernende und Organisationen zu, die durch interdisziplinäres Arbeiten entstehen. In einem ersten Schritt werden allgemein Konsequenzen für Lehrende und Lernende (vgl. Kap. 6.1 Auf der Suche nach den richtigen Fragestellungen und Methoden) formuliert; in einem zweiten Schritt werden Veränderungen auf Organisationsebene fokussiert (vgl. Kap. 6.2 Organisationsstruktur und Unternehmenskultur als Bedingungen von Interdisziplinarität), weil auch diese Ebene betroffen ist; in einem dritten Schritt wird Kommunikation als wichtiges Vehikel noch einmal in den Blick genommen (vgl. Kap. 6.3 Kommunikation als zentrales Mittel interdisziplinären Forschens und Arbeitens). Zielen die ersten beiden Unterkapitel eher auf allgemeine Veränderungen, welche aus interdisziplinärem Denken und Tun folgen, so fokussiert das dritte Unterkapitel eine aus der bisherigen Analyse gewonnene und hier als Herausforderung beschriebene Kategorie, die Kommunikation. Sie ist insgesamt als zentral zu benennen und wird bereits bei ersten Überlegungen zu Fragestellungen und Methoden bedeutungsvoll. Eine Bilanz (vgl. Kap. 6.4 Fazit: Individueller und kollektiver Mehrwert) schließt das Kapitel.

6.1 Auf der Suche nach den richtigen Fragestellungen und Methoden

Sowohl übergreifende Themen (u. a. Umwelt, Nachhaltigkeit, Armut, Suchtforschung, Gerechtigkeit, Kultur, Gesundheit) als auch verbindende Methoden sind für gelingende Interdisziplinarität wichtig. Hierauf hat auch Karl Popper im Rahmen seiner Wissenschaftstheorie mehrfach hingewiesen und angeregt, eher von Problemen und weniger von Disziplinen aus zu denken. Natürlich könnten solche Themen noch aufgeteilt werden in Unterthemen. Dabei ist dann darauf zu achten, dass auch in Arbeitseinheiten das Gesamtthema als Orientierungspunkt nicht aus dem Blick gerät. Solche Teams arbeiten zu Aspekten, die für alle Beteiligten relevant sind. Interdisziplinarität sollte dabei nicht bloß irgendwie hergestellt werden, sondern notwendig sein.

Sie wird durch aktuelle gesellschaftliche, berufliche, politische und wissenschaftliche Veränderungen bedingt (vgl. Kap. 1.3 Gesellschaftliche Veränderungen und interdisziplinäre Kommunikation). „Zunehmender gesellschaftlicher Bedarf an möglichst präziser, zuverlässiger und technologisch relevanter Information, die Steigerung der Effektivität nicht nur im Bereich der Gewinnung, Verbreitung und Verwertung von Forschungsergebnissen" (Heid 2006 (8), S. 783) unterstreichen das eindrücklich. Arbeitsteilige Spezialisierung gilt als Resultat einer zunehmenden Informationsflut und zugleich der „nicht unbegrenzt steigerbaren Fähigkeit und Bereitschaft eines einzelnen, diese ‚Informationsexplosion' in voller Breite rezeptiv oder gar produktiv zu verarbeiten." (ebd., S. 783) Damit wird die Einordnung, Begrenzung und Bearbeitung von komplexen Problemstellungen eine wichtige Kompetenz von Einzelnen wie auch von Kollektiven, die interdisziplinär arbeiten. Solche Ordnungsversuche können nicht immer adäquat bewerkstelligt werden, weil die Spezialisierung auf allen Wissensgebieten ständig zunimmt, allerdings fördert der Versuch dazu das Gelingen interdisziplinären Zusammenwirkens.

In der Zusammenschau aktueller gesellschaftlicher Entwicklungen, der zunehmenden Verschränkung von Wissenschaft und Politik oder von Wissenschaft und Praxis wird deutlich, dass interdisziplinäre Zugänge möglich und auch notwendig sind, um bestimmten Aspekten nachzugehen. Das heißt nicht, dass es Themen gibt, die eine etwas schwächere Form von Interdisziplinarität auslösen als andere. Dies korrespondiert damit, dass eine zunehmende Spezialisierung den Austausch von Akteurinnen und Akteuren manchmal auch behindert, und schließlich ist eine Schwierigkeit des disziplinübergreifenden Handelns in den Disziplinen und deren Eitelkeiten selbst begründet. Es existiert häufig eine Skepsis gegenüber Interdisziplinarität, ihrem Sinn und Zweck. Dies spielt bei Diskussionen darüber eine Rolle, ob disziplinäres Sehen vor, während oder nach einem interdisziplinären Wahrnehmen ausgebildet werden muss oder kann. Zentral scheint, dass allein der Austausch von

Personen unterschiedlicher Disziplinen die Reflexion der eigenen disziplinären Sichtweise fördert.

> „Nur scheinbar paradoxerweise setzt interdisziplinäres Denken voraus, dass man die eigene Disziplin beherrscht [oder sich durch interdisziplinäre Arbeit dieser erst wirklich bewusst wird, SL]: Was ist das Ethos – oder auch der Erfolgsbegriff – der eigenen Wissenschaft? Aus eigener Anschauung dauert es eine ganze Zeit der Auseinandersetzung, bis beispielsweise das Ethos der Ökonomie deutlich zu Tage tritt." (Müller-Christ 2001, S. 46)

Es ist im jeweiligen Einzelfall, am jeweiligen Thema, im jeweiligen Kontext usw. zu bestimmen, ob Disziplinarität oder Interdisziplinarität vor oder nach dem anderen entsteht oder ausgebildet werden soll.

Neben solchen innerwissenschaftlichen und disziplinären Entscheidungen müssen auch politische oder praktische Gegebenheiten in den Blick genommen werden. Diese haben Auswirkungen auf das Verhältnis von Disziplin und Interdisziplinarität. Der Gedanke soll unter Rückgriff auf Helmut Heid und exemplarisch für die Erziehungswissenschaft verdeutlicht werden: „Es gibt kein pädagogisch thematisierbares Phänomen oder Problem, das nicht zahllose ‚außerpädagogische' Voraussetzungen, Implikationen und Konsequenzen hat." (Heid 2006 (8), S. 790) Beispiele hierfür sind: Bildungsgerechtigkeit, Lernschwierigkeiten oder Bildungschancen. Solche Themen haben eine hohe gesellschaftliche Relevanz und sind von einer Reihe von Disziplinen aus bearbeitbar, auch wenn die Erziehungswissenschaft bei den genannten Beispielen eine federführende Position beanspruchen kann. Dennoch lohnt sich zur Bearbeitung dieser Begriffe die Wahrnehmung anderer disziplinärer Standpunkte. D. h., es ist gewinnbringend, eine andere Disziplin zur Schärfung der eigenen Perspektiven zu nutzen. Das Schauen in andere Welten stellt für die eigene spezifische Sichtweise eine Art Korrektiv oder Regulativ dar. Denn wer nur ein Fachgebiet isoliert betreibt, ist kaum noch in der Lage, sich einer Ortsbestimmung der eigenen wissenschaftlichen Ausrichtung oder der disziplinären Zugehörigkeit zu vergewissern (vgl. ebd., S. 792). Eine Voraussetzung für das Gelingen interdisziplinären Austauschs besteht in der Wahl von Fragestellungen, die nur interdisziplinär beantwortet werden können. Eine solche Orientierung an Problemen erfordert es, dass die Arbeit nicht nur aus der Perspektive von Individuen, sondern zudem von Organisationen gedacht wird. Denn das Denken und Handeln über disziplinäre Grenzen hinweg kommt nicht ohne veränderte oder durchlässige institutionelle Strukturen aus.

Zusammenfassung:
- Interdisziplinarität ist eine neue Herausforderung für Lernende und Lehrende.
- Zugleich hat das Konsequenzen für Institutionen. Sie müssen lernen, mit diesem neuen Moment umzugehen.

Weiterführende Fragen:
- Inwieweit sind Sie in Ihrem bisherigen beruflichen Handeln mit Methoden oder Themen anderer Disziplinen in Berührung gekommen?
- Versuchen Sie, ein Thema aus Ihrem Studium bzw. Ihrer Arbeit zu finden und so zu formulieren, dass es Vertreterinnen und Vertreter anderer Disziplinen verstehen könnten!
- Überlegen Sie, bei welchen Themen Sie selbst bisher die Erfahrung einer stärkeren bzw. schwächeren Notwendigkeit interdisziplinärer Gemeinschaftsarbeit erfahren haben. Versuchen Sie, daraus Kriterien abzuleiten, wann und warum ein interdisziplinäres Zusammenkommen von hoher Relevanz für die Kooperation sein kann.

6.2 Organisationsstruktur und Unternehmenskultur als Bedingungen von Interdisziplinarität

Es existieren einige Aspekte, die disziplinübergreifendes Denken und Arbeiten behindern oder befördern, u. a. die Spannungsfelder von Wissenschaft und Praxis, Expertentum und Laienhaftigkeit, akademisches Interesse aus Sicht der eigenen Disziplin vs. gesellschaftlicher Auftrag. Daneben müssen Standpunkte verschiedener Disziplinen oder sprachliche Unterschiede aufgenommen werden:

> „Man darf ja nicht übersehen, daß solche Sprach- und Verständnisschwierigkeiten bei der fortschreitenden Differenzierung in den Fächern längst auch innerhalb derselben Fächer bestehen und erfahren werden, sobald man mit einem Fachkollegen eines anderen Forschungsfeldes spricht." (Heckhausen 1987, S. 136)

Wichtig ist dabei, dass zum Umgang mit diesen Standpunkten eine bestimmte Haltung und ein gewisser Denkstil notwendig sind. Interdisziplinäre Zusammenarbeit stellt sich hier als ein komplexes Spiel unterschiedlicher Faktoren dar. Aspekte wie Geschlecht, Ideologie, Offenheit etc. formen dieses Spannungsfeld, das sich vor allem in der Differenz von Wissenschaft und Praxis ausdrückt. Gleichzeitig stellt sich die Frage, welche Rolle der Wissenschaft innerhalb der Wissensgesellschaft beigemessen werden soll und welche Bedeutung Interdisziplinarität dabei hat. Zudem kann der Erhalt von Abgrenzungen für die Teilnehmenden von hoher Bedeutung sein, sodass Interdisziplinarität hier nicht in Form einer Auflösung bestehender disziplinärer Grenzen an Gewicht gewinnt, sondern im Sinne eines flexiblen Umgangs mit disziplinären Markierungslinien. Manche Disziplinen favorisieren diesen Gedanken, andere sind dem gegenüber indifferent und wieder andere lehnen ihn eher ab.

In jedem Fall bedingt die jeweilige Organisationsstruktur (vgl. Marquardt 2015) und die Unternehmenskultur das Verständnis bzw. die Entwicklung von Interdisziplinarität. In Anlehnung an Defila und Di Giulio lassen sich drei Wege hin zur Interdisziplinarität auf der Ebene von wissenschaftsbezogenen Organisationen unterscheiden:

- Grenzwissenschaften, d. h., wenn bisherige Festlegungen von Disziplinen nicht mehr ausreichen, sie an Grenzen stoßen. „Dies führt notwendigerweise zu einer interdisziplinären Interaktion, die wiederum eine neue Disziplin oder Teildisziplin entstehen läßt" (Defila & Di Giulio 1998, S. 116),
- Querschnittswissenschaften, etwa dann, wenn Ergebnisse und Methoden verwendet werden und diese zu neuen Disziplinen führen,
- komplexe Forschungsthemen, die aufgrund ihrer Bedeutung und Sperrigkeit von unterschiedlichen Perspektiven aus bearbeitet werden müssen (z. B. Umwelt, Gerechtigkeit).

Hieraus kann (1) ein Hinweis zum Verhältnis von Generalisierung und Spezialisierung gewonnen werden: „Interdisziplinarität trägt also in aller Regel nicht per se zur Universalisierung, sondern zur Spezialisierung bei – in Form neuer (Teil-)Disziplinen" (Defila & Di Giulio 1998, S. 117). Derartige Formen haben auch Auswirkungen auf Organisationen (vgl. Stichweh 2013), Unternehmenskulturen, Lernkulturen sowie die Personen selbst. Ein wichtiges Mittel für das Agieren in unterschiedlichen Rollen besteht im bewussten und sinnvollen Gebrauch der Sprache. Letztere sollte dabei so beschaffen sein, dass sie Expertinnen, Spezialisten und Generalisten aufzunehmen in der Lage ist. Sprache ist insofern ein Instrument zur Übersetzung einer Fachsprache in eine allgemeinverständliche Sprache, die an andere Disziplinen zwar anschlussfähig ist, dabei aber nicht an Aussagegehalt verliert. „Gemeinsames Vorgehen braucht gemeinsame Sprache und gemeinsame Sprache braucht gemeinsame Basis." (Sedmak 2003, S. 10)

Daneben (2) zeigt sich eine zur Förderung von Interdisziplinarität sinnvolle Verquickung von Forschung, Lehre und Organisationsentwicklung. Das bisher bestehende und teilweise voneinander isolierte Nebeneinander der Teilbereiche kann besser verbunden werden. Durch einen solchen Austausch kann eine Interdisziplinarität fördernde Organisationsstruktur und Unternehmenskultur angeregt werden. Neben der Entwicklung und Etablierung von formalen Prozessen (u. a. Qualitätshandbuch) und der Schaffung von Strukturen sind informelle Prozesse wichtig (u. a. durch das Bereitstellen von Kommunikationsinseln). So wird es möglich, Wissen, Erfahrungen und Kompetenz auf variierenden Niveaus und aus verschiedenen Disziplinen zu verbinden.

Als bewusst initiierte Organisationsform erfordert interdisziplinäres Arbeiten eine veränderte Ausrichtung von Forschergruppen. Das kann von einer themen- oder typenbezogenen Auswahl der Beteiligten bis hin zu geänderten Aushandlungsprozessen und Führungskulturen reichen (vgl. Balsiger 2005, S. 193–195). Zudem können Prestige und Konkurrenz evtl. weniger gewichtet sein als in disziplinär angelegten Vorhaben, was auch an der gemeinsamen Orientierung an Problemen liegt. Dennoch ist die Frage des Nutzens wichtig. Es macht einen Unterschied, wenn beide oder mehrere Disziplinen und Personen von einem Austausch etwa gleichermaßen profitieren und sich gegenseitig anregen, als wenn das nur einseitig erfolgt. Auch können durch die Beschäftigung mit gemeinsamen Themen Impulse für die eigene Disziplin entstehen:

> „Gemeinsame wissenschaftliche Arbeit an einem Problem, das alle beteiligten Disziplinen tangiert, um Synergieeffekte zu erzielen (interdisziplinäres Arbeiten i.e.S.). In einem weiteren Sinn könnte man unter interdisziplinärem Arbeiten verstehen: systematische wissenschaftliche Arbeit an einem Problem, das unter Zuhilfenahme verschiedener Disziplinen bearbeitet wird, um der Komplexität des Problems gerecht zu werden " (Sedmak 2003, S. 8)

Eine solche systematische und auf Wissenschaftlichkeit abzielende Bearbeitung erfordert häufig eine organisatorische Entsprechung (vgl. Weingart 1997, S. 522), die wiederum indirekt auf das Gelingen interdisziplinärer Kommunikation Einfluss nehmen kann. Bezieht sich die Bearbeitung und Produktion von Wissen nicht allein auf den akademischen Kontext und universitäre Organisationsstrukturen, sondern auch auf konkrete Anwendung, dann ist ihr „hauptsächliches Merkmal [...] ‚Transdisziplinarität': Problemkontexte oder Anwendungskontexte und nicht Disziplinen sind die entscheidenden Bezugsrahmen sowohl für die Forschung selbst als auch für deren Validierung" (ebd., S. 521). Das Arbeiten an Problemen begünstigt Interdisziplinarität.

Zur Umsetzung dieses Ansatzes und zur Bearbeitung von gemeinsamen Fragestellungen bedarf es neben Bedingungen wie Sprache und Kommunikation auch ausreichender Zeit: „Zentrale Ressourcen und Voraussetzung sind also Zeit – eine Mangelware nicht nur im Wissenschaftsbetrieb – sowie Arbeitskraft in Form von geeignetem Personal. Der Bedarf an Organisation, Koordination, Moderation bzw. Mediation ist enorm" (Fuest 2004, S. 8), das kollidiert aber mit der Realität des Wissenschaftsbetriebs, der zunehmend auf Geschwindigkeit und Produktion abzielt und kaum noch Zeit für gemeinsames Tun, Experimente und ergebnisoffenen Austausch lässt.

Zusammenfassung:

• Die Beteiligung unterschiedlicher Institutionen führt nicht zwangsläufig zu interdisziplinären Strukturen und Mechanismen.
• Neben der Gestaltung formaler Abläufe müssen für gelingenden Austausch informelle Prozesse berücksichtigt werden.

Weiterführende Fragen:

• Würden Sie sich selbst eher als Generalisten oder als Spezialisten bezeichnen? Welche Auswirkungen hat das auf Interdisziplinarität?
• Würden Sie Ihre Organisation eher als offen gegenüber Anderen beschreiben? An welchen Faktoren machen Sie das fest?

6.3 Kommunikation als zentrales Mittel interdisziplinären Forschens und Arbeitens

Vor dem Hintergrund unterschiedlicher Denkweisen, Unternehmenskulturen, disziplinärer Herangehensweisen etc. ist Sprache ein zentraler Faktor für Interdisziplinarität. Um disziplinübergreifend und -verbindend zu arbeiten, bedarf es der Bereitschaft und der Fähigkeit, sich auf neue Probleme aus eigenen und fremden Perspektiven heraus einzulassen. Diese Einstellung bildet die Grundlage für interdisziplinäres Sehen, Erkennen und Handeln. Aus disziplinären Perspektiven entstehen interdisziplinäre und aus interdisziplinären verändern sich immer wieder disziplinäre Sichtweisen.

Um diesen Zusammenhang bewusst zu machen und ggf. neu auszuhandeln, ist Reflexionsfähigkeit ein zentraler Faktor. Nur durch ein Nachdenken und das Einnehmen einer Meta-Ebene können bewusste und unbewusste Annahmen, welche den Grad der Akzeptanz und die Intensität des Interesses an Interdisziplinarität beeinflussen, in den Blick genommen werden. „Eine wesentliche Leistung der interdisziplinären Forschung und Lehre ist es demnach – neben der gemeinsamen Suche nach Lösungsansätzen zwischen den Disziplinen – die Reflexionsfähigkeit über die eigene wissenschaftliche Sozialisation zu steigern." (Müller-Christ 2001, S. 47; vgl. Deinhammer 2003, S. 3) Durch interdisziplinäres Studieren und Arbeitshandeln kann dies initiiert und begleitet werden. In der Ausbildung kann die eigene, die fremde sowie die interdisziplinäre Sichtweise herausgearbeitet werden. Letztlich dienen derartige Verständigungen dazu, Interdisziplinarität als Ressource zu begreifen und die Bereitschaft zu interdisziplinärer Kommunikation zu erhöhen. Hierzu ist es wichtig, Begriffe so zu verwenden, dass sie von Akteurinnen und Akteuren anderer Disziplinen ebenfalls verstanden und angewendet werden können. Damit ist nicht gemeint, dass sich Fachsprachen auflösen sollen. Aber um einen produktiven Austausch in Gang zu setzen, bedarf es einer gemeinsamen Basis für den interdisziplinären Dialog.

Dazu ist es auch erforderlich, die eigenen disziplinären Grenzen zu erkennen und durch interdisziplinären Austausch auszuloten. „Das interdisziplinäre Gespräch kann erst dann beginnen, wenn jede der beteiligten Wissenschaften ihre eigenen Paradigmen (Erkenntnisgrundsätze) hinsichtlich ihrer Grenzen und ihrer Erklärungsbedürftigkeit reflektiert." (Altner 2001, S. 24) Interdisziplinarität wird dabei als theoriegeleitet und nicht als bloß additiv verstanden; sie setzt

> „als Minimalbedingung eine Klärung der Unterschiede zwischen den beteiligten Disziplinen in Verbindung mit einer für diese anschlussfähigen transdisziplinären Bestimmung des Forschungsgegenstandes voraus. Bedingung einer theoriegeleiteten Interdisziplinarität [beispielsweise, SL] in der Jugendforschung wäre so betrachtet die Verständigung auf einen Jugendbegriff, der es ermöglicht, [disziplinäre] [...] Forschungsperspektiven in nachvollziehbarer Weise unterscheiden und auf dieser Grundlage aufeinander beziehen zu können." (Scherr 2009, S. 324)

Hier wird ein neuer Aspekt angesprochen: Es geht bei Interdisziplinarität eben nicht darum, disziplinäre Perspektiven durch eine übergreifende zu überdecken und unkenntlich zu machen. Vielmehr setzt Interdisziplinarität auf Verständigung, auf eine gemeinsame Basis, auf deren Grundlage dann wiederum die disziplinären Sichtweisen methodisch, inhaltlich oder personell zur Geltung kommen sollen und dürfen. Interdisziplinarität und Disziplinarität sind insofern verschränkt und nicht einfach eine Voraussetzung für das andere. Inwieweit aber bedarf das einer bestimmten Fähigkeit, einer bestimmten Denkstimmung der jeweils beteiligten Individuen, Denkkollektive oder Organisationen? Und wie kommt es, dass gerade Akteurinnen und Akteure, welche in verschiedenen Disziplinen bewandert sind, neue Ideen hervorbringen und Impulse für Wissenschaft, Praxis und Politik geben?

Die Antwort scheint in eigener Motivation, guter Vernetzung (in Wissenschaft, Politik, Praxis; in unterschiedliche Disziplinen hinein) und guter Kommunikation zu liegen. Damit werden bestimmte disziplinäre Perspektiven in jeweiligen Akteurinnen und Akteuren gebündelt, was dazu führen kann, dass Interdisziplinarität einen Denkstil darstellt (vgl. Kap. 3.2.1 Interdisziplinarität als Denkstil), der auf eine strikte Trennung von Disziplinen unbewusst oder bewusst verzichtet. Subjekte selbst besitzen dann eine interdisziplinäre Haltung.

Neben diesem eher individuell angelegten Blick auf Interdisziplinarität sind Kommunikationsstrukturen wichtig, da die „koordinierte Zusammenarbeit zwischen verschiedenen wissenschaftlichen Disziplinen" (Sedmak 2003, S. 7) angesprochen ist, wenn es um Interdisziplinarität geht. Dieses Verständnis kann ohne Probleme auf die Felder Praxis und Politik bezogen werden und auch dort Geltung beanspruchen.

Zur Organisation von Interdisziplinarität können folgende Merkmale benannt werden: Interdisziplinarität soll koordiniert sein, d. h., es bedarf einer Federführung; sie erfolgt im Rahmen einer Zusammenarbeit; sie kann auf ein Ziel hinführen; es gibt stärkere und schwächere Formen von Interdisziplinarität. Dabei können Kommunikationsnetzwerke zwischen den Disziplinen entstehen. Voraussetzungen, die erfüllt sein müssen, damit Interdisziplinarität gelingt, sind nach Defila und Di Giulio:

- Konsens: Über ein zu bearbeitendes Thema, eine Fragestellung, ein Problem muss eine allgemeine Verständigung erzielt werden, wozu es einer gemeinsamen Sprache bedarf (vgl. Defila & Di Giulio 1998, S. 119).
- Integration: „Die Ergebnisse der einzelnen Disziplinen müssen von Beginn an im Zuge ihrer Erarbeitung zu einem Ganzen zusammengefügt werden." (ebd., S. 119)

- Diffusion: Die Methoden, Theorien und Ergebnisse anderer Disziplinen müssen für die eigenen Themen adaptiert und genutzt werden können.

Der daraus resultierende Gewinn für Forschung, Ausbildung und Praxis besteht in einer eigenen Sichtweise, einer Haltung, einer Kompetenz, sich über disziplinäre Grenzen hinweg zu verständigen. Die bei
interdisziplinärer Kommunikation notwendigen Fähigkeiten sind dabei
nur bedingt von der jeweiligen Disziplin oder Fachkultur abhängig. Sie
gelten in allen Disziplinen, welche an interdisziplinärem Austausch in-
teressiert sind. Insofern ist Kommunikation auch in disziplinären oder
disziplinübergreifenden Studiengängen integraler Bestandteil von Interdisziplinarität.

Zusammenfassung:
- Eigene und fremde Perspektive bedingen sich.
- Ein echtes Vergegenwärtigen von Interdisziplinarität stellt sich
nur durch stetiges Üben ein. Dies kann in Studium und Arbeitsleben einen interdisziplinären Kommunikationsstil ausprägen.

Weiterführende Fragen:
- Was muss aus Ihrer Sicht gegeben sein, um von Anderen verstanden zu werden?
- Wodurch kann der Prozess interdisziplinärer Kommunikation
verbessert werden?
- Befürchten Sie den Verlust des fachlichen Kerns durch das Formulieren in allgemeinverständlicher Sprache? Warum bzw. warum nicht?

6.4 Fazit: Individueller und kollektiver Mehrwert

Interdisziplinarität ist eine Herausforderung für Lehrende, Lernende
und für Organisationen. Für Lehrende ist es nicht nur schwierig und/
oder bereichernd, immer wieder in Kontakt und in Austausch mit anderen Lehrenden und Forschenden unterschiedlicher Disziplinen zu
treten, sondern sie müssen nach Möglichkeit einen groben Überblick

über die korrespondierenden Fächer haben, um Anschlussfähigkeit und Transfer hervorzurufen. Daneben erfordert das ein Mindestmaß an Offenheit sowie die Bereitschaft, auf diese Weise zu kooperieren; diese Sinnhaftigkeit kann dabei individuell, fachlich oder institutionell gefärbt sein. Dabei ist es wichtig zu berücksichtigen, dass Interdisziplinarität zwar häufig eine „Trademark" darstellt, diese aber im konkreten Lehr-Lern-Handeln immer wieder neu herzustellen ist, wobei das Spektrum von punktuellem Austausch bis zu langfristiger Kooperation reichen kann (vgl. Feichtinger et al. 2004, S. 13).

Lernende benötigen die Bereitschaft, über die eigene Disziplin hinaus zu denken und zu lernen. Es erfordert zudem die Fähigkeit, sich auf andere und deren Sichtweisen einzustellen und mit diesen gemeinsam zu arbeiten. Eine Haltung für Anderes und eine Bereitschaft, ins Offene zu gehen, gehören ebenso dazu. Um dies anzuregen und dann im weiteren Verlauf der Ausbildung zu fördern, bedarf es neben mikrostruktureller (u. a. Projektarbeit, Zusammensetzung von Teams aus Studierenden verschiedener Disziplinen) auch meso- und makrodidaktischer Anstrengungen (u. a. Modulhandbücher mit Schwerpunkt Interdisziplinarität). Diese Formen helfen bei der Ausbildung von Interdisziplinarität als Kompetenz und Denkstil.

Schließlich setzt es im Hinblick auf Organisationen die Bereitschaft voraus, sich auf Neues einzulassen, neue Strukturen zu schaffen und andere Ideen und Wege zu beschreiten. Dies erfordert gerade auf institutioneller und organisatorischer Ebene ein Arbeiten in Prozessen sowie den Willen, sich immer wieder, auch gegen individuelle Vorbehalte oder institutionelle Widerstände, für die Umsetzung von Interdisziplinarität zu engagieren und dafür Sorge zu tragen, dass es nicht nur bei einem Modewort bleibt, sondern in institutionelle Strukturen aufgenommen wird.

Nachwort

„Wer von uns kann, wenn er sich auf seinem Wege umdreht,
auf dem es keine Rückkehr gibt, sagen, er habe ihn verfolgt,
wie er ihn verfolgt haben mußte?" (Pessoa 1998 (15), S. 49)

Eine Forderung nach begrifflicher Präzision, wie sie in der Arbeit vorangestellt wurde, wird mitunter als haarspalterisch oder wenig ertragreich angesehen, weil das Selbstverständnis besteht, zu wissen, was sich
hinter den Begriffen verbirgt; man kenne die Sache der „interdisziplinären Kompetenzen", von der die Rede ist. Unterdessen haben sich
aber wissenschaftliche Disziplinen selbst derart ausgeweitet und mitunter verselbständigt, dass intersubjektive und interdisziplinäre Verständigung nur noch schwer möglich ist. Modebegriffe und Schlag-
worte folgen immer rascher aufeinander, sodass kaum Zeit bleibt, sich
mit diesen Termini und deren Traditionen vertraut zu machen. Dies
aber kann sehr ertragreich sein; gerade wenn Professionalisierung und
Professionalität in Theorie wie in Praxis angestrebt wird, ist begriffliche Klarheit unabdingbar. Solche Kenntnisse theoretischer Gerüste und
Modelle sind für Tun und Denken bezüglich interdisziplinärer Kompetenzen nützlich. Akteurinnen und Akteure in Studium, Wissenschaft,
Praxis und Politik, die über „interdisziplinäre Kompetenzen" sprechen
oder mit ihnen handeln, sollten durchaus eine grobe Vorstellung des
Worts haben. Sie sollten mit den Termini ihrer und auch anderer Wissenschaften vertraut sein und nicht durch einen gedankenlosen Wort-
gebrauch zur Unterwerfung der Bildung unter die Mechanismen des
Marktes beitragen. Was in der Praxis professionellen Handelns Bestand
haben will, bedarf einer theoretischen Reflexion.

Die Arbeit will hier einen Beitrag leisten, um den Beteiligten in Wissenschaft, Praxis und Politik Kategorien der Einordnung aufzuzeigen,
mit denen sie im Feld interdisziplinärer Kompetenzen besser denken
und handeln können. Über eine Offenlegung und kritische Schärfung
des Begriffs soll auch ein Rahmen für zukünftiges Handeln gespannt
werden. Durch das Reflektieren des Phänomens der „interdisziplinären Kompetenzen" geht es nicht nur um eine neue Qualität des Begriffs

für Theoriebildung und -entwicklung, sondern auch darum, einen häufig ungenügend reflektierten Grundsatz ins Bewusstsein professioneller Akteurinnen und Akteure zu heben.

Literatur

Altner, G. (2001). Umgang mit Unsicherheit – Grenzen der Suche nach disziplinären Wahrheiten. In A. Fischer & G. Hahn (Hrsg.), *Interdisziplinarität fängt im Kopf an* (S. 24–69). Frankfurt am Main: VAS.

Apel, H. & Günther, B. (1998). *Mediation und Zukunftswerkstatt. Prozeßwerkzeuge für die lokale Agenda 21.* Verfügbar unter: http://www.diebonn.de/esprid/dokumente/doc-1998/apel98_01.pdf [06.08.2016].

Arbeitskreis Deutscher Qualifikationsrahmen (2010). *Deutscher Qualifikationsrahmen für lebenslanges Lernen.* Berlin: BMBF.

Arber, W. (1993). *Inter- und Transdisziplinarität, warum? – wie?* Bern (u.a.): Haupt Verlag.

Arnold, R. (1996). Schlüsselqualifikationen – Kategorie einer reflexiven Modernisierung der beruflichen Bildung. *Hessische Blätter für Volksbildung* (3), 197–208.

Arnold, R. & Krämer-Stürzl, A. (1995). Zugänge und Methoden zur Evaluierung von Weiterbildung. In J. E. Feuchthofen & E. Severing (Hrsg.), *Qualitätsmanagement und Qualitätssicherung in der Weiterbildung* (S. 3–21). Neuwied: Luchterhand.

Arnold, R. & Krämer-Stürzl, A. (1997). Erfolgskontrolle – Thema professioneller betrieblicher Weiterbildung? In R. Arnold (Hrsg.), *Qualitätssicherung in der Erwachsenenbildung* (S. 133–150). Opladen: Leske + Budrich.

Balsiger, P. W. (2005). *Transdisziplinarität. Systematisch-vergleichende Untersuchung disziplinenübergreifender Wissenschaftspraxis.* München: Wilhelm Fink.

Bammer, A. (2003). Erfahrungen mit Interdisziplinarität. In R. Deinhammer (Hrsg.), *Was heißt interdisziplinäres Arbeiten? Working Papers theories & commitments* (S. 54–57). Salzburg: University, Poetry Research Group.

Basfeld, M. & Hutter, W. (2012). *Identitätsbildung im pädagogischen Prozess. Ein interdisziplinäres Forschungskolloquium.* Baltmannsweiler: Schneider Verlag Hohengehren.

Bender, W. (2003). Kompetenzentwicklung im Zusammenspiel von Weiterbildung, lernförderlicher Arbeitsorganisation und Qualitätsmanagement. In H. Loebe & E. Severing (Hrsg.), *Qualitätssicherung in der betrieblichen Bildung* (S. 19–31). Bielefeld: Reiche Wirtschaft und Weiterbildung.

Bender, W. (2004). Lernen und Handeln – Thesen aus subjektorientierter Sicht. *Report, 27* (1), 249–255.

Bender, W., Emmert, K. & Lerch, S. (2009). Evaluation und Transfer in der Personalentwicklung. In S. Laske, A. Orthey & M. Schmid (Hrsg.), *PersonalEntwickeln* (S. 1–27). Köln: WoltersKluwer.

Bender, W., Lerch S. & Scheffel, M. (2014). *Interdisziplinäre Kompetenzen Studierender evaluieren. 2. Zwischenbericht der wissenschaftlichen Begleitstudie zum Projekt „Der Coburger Weg".* Bamberg: Universität.

Berkessel, H. & Schmitz, S. (2008). Zukunftswerkstatt. *„Demokratie in der Schule". Lernende Schule. Für die Praxis pädagogischer Schulentwicklung, 43,* 49–60.

Bermeitinger, C., Flatau, L. & Althaus, L. (2012). Kochbuch der Gefühle: Projektorientiertes und interdisziplinäres Arbeiten in der Koch- und Psychologieausbildung. *Berufsbildung – Zeitschrift für Praxis und Theorie in Betrieb und Schule, 66* (138), 40–42.

Bisani, F., Prinz, D., Kador, F. J. & Meixner, H. E. (1993). Interdisziplinäres Arbeitsfeld. Special Personalwirtschaft. *UNI – Perspektiven für Beruf und Arbeitsmarkt, 17* (16), 33–45.

BMBF (2013). *Handbuch zum Deutschen Qualifikationsrahmen. Struktur – Zuordnungen – Verfahren– Zuständigkeiten.* Bonn: Bundesministerium für Bildung, Wissenschaft, Forschung und Technologie.

Böhme, G. & Engelhardt, M. v. (1979). Einleitung: Zur Kritik des Lebensweltbegriffs. In G. Böhme & M. v. Engelhardt, *Entfremdete Wissenschaft* (S. 7–28). Frankfurt am Main: Suhrkamp.

Boltanski L. & Chiapello E. (2006). *Der neue Geist des Kapitalismus.* Konstanz: UVK Verlag.

Bracht, U. (2006). Fach – Fächerkanon. In D. Lenzen (Hrsg.), *Pädagogische Grundbegriffe. Band 1.* (8. Aufl., S. 579–588). Reinbek bei Hamburg: Rowohlt.

Braun, E. (2008). *Das Berliner Evaluationsinstrument für selbsteingeschätzte studentische Kompetenzen (BEvaKomp).* Göttingen: V&R Unipress.

Brink, C. (2014). Institutionelle Aspekte interdisziplinären Lernens und Lehrens. Der Masterstudiengang Interdisziplinäre Anthropologie an der Universität Freiburg. In C. Schier & E. Schwinger (Hrsg.), *Interdisziplinarität und Transdisziplinarität als Herausforderung akademischer Bildung. Innovative Konzepte für die Lehre an Hochschulen und Universitäten* (S. 249–258). Bielefeld: transcript.

Brinker, T. & Hartel, A. (2012). Interdisziplinäre Schlüsselkompetenztutorien als gestaltende Elemente in Studiengängen. In T. Brinker & P. Tremp (Hrsg.), *Einführung in die Studiengangsentwicklung* (S. 207–224). Bielefeld: W. Bertelsmann Verlag.

Bröckling, U. (2007). *Das unternehmerische Selbst: Soziologie einer Subjektivierungsform.* Frankfurt am Main: Suhrkamp.

Brödel, R. (2000). Interdisziplinarität im Kontext betrieblicher Weiterbildung. In T. Hülshoff & B. Dewe (Hrsg.), *Betriebspädagogik und beruf-*

liche Weiterbildung. Wissenschaft, Forschung, Reflexion. Festschrift für Theo Hülshoff zum 65. Geburtstag (S. 23–36). Bad Heilbrunn: Klinkhardt.

Buber, M. (1973). *Das dialogische Prinzip* (3., verb. und um ein Namensverz. erg. Aufl.). Heidelberg: Lambert Schneider Verlag.

Burow, O. A. (2000). *Ich bin gut – wir sind besser. Erfolgsmodelle kreativer Gruppen.* Stuttgart: Klett-Cotta.

Burow, O. A. & Rüppel, H. (2001). Zukunftswerkstatt online. Demokratie und Zukunftsgestaltung per Internet. *21 – Das Leben gestalten lernen, 1*, 63–66.

Chomsky, N. (1969). Quine's Empirical Assumptions. In D. Davidson & J. Hintikka (Hrsg.), *Words and Objections* (S. 53–68). Dodrecht: Reidel.

Chomsky, N. (1973). Conditions on Transformations. In S. R. Anderson & P. Kiparsky (Hrsg.), *A Festschrift for Morris Halle* (S. 232–286). New York: Holt, Rinehart & Winsto.

Chomsky, N. (1980). *Rules and representations. The Behavioral and Brain Sciences, 3* (127), 1–61.

Cleppien, G. (2013). Bildungsunterstützung durch Weltorientierung. In C. Berndt & M. Walm (Hrsg.), *In Orientierung begriffen. Interdisziplinäre Perspektiven auf Bildung, Kultur und Kompetenz* (S. 37–48). Wiesbaden: Springer VS.

Defila, R. & Di Giulio, A. (1998). Interdisziplinarität und Disziplinarität. In J. Olbertz (Hrsg.), *Zwischen den Fächern – Über den Dingen* (S. 111–133). Opladen: Leske + Budrich.

Dehnbostel, P. (2010). *Betriebliche Bildungsarbeit. Kompetenzbasierte Aus- und Weiterbildung im Betrieb.* Baltmannsweiler: Schneider Verlag Hohengehren.

Deinhammer, R. (2003). Einleitung. In R. Deinhammer (Hrsg.), *Was heißt interdisziplinäres Arbeiten. Working Papers theories & commitments* (S. 3–4). Verfügbar unter: https://www.unisalzburg.at/fileadmin/multimedia/Zentrum_fuer_Ethik_und_Armutsforschung/documents/Working_Papers/Theories_And_Commitments/Deinhammer-Interdisziplin%C3%A4resArbeiten.pdf [06.08.2016].

Deutscher Ausschuß für das Erziehungs- und Bildungswesen (1960). Zur Situation und Aufgabe der deutschen Erwachsenenbildung. In *Empfehlungen und Gutachten für das Erziehungs- und Bildungswesen 1953–1965. Gesamtausgabe 1966.* Stuttgart: Klett.

Deutscher Bildungsrat – Empfehlungen der Bildungskommission (1970). *Strukturplan für das Bildungswesen.* Bonn.

Di Giulio, A., Defila, R. & Künzli, C. (2001). Was bedeutet eine interdisziplinäre Zusatzqualifikation im Rahmen eines Studiums? Das Beispiel der Allgemeinen Ökologie an der Universität Bern. In A. Fischer &

G. Hahn (Hrsg.), *Interdisziplinarität fängt im Kopf an* (S. 102–122). Frankfurt am Main: VAS.

Dreke, C. (2008*)*. Irritationen diesseits und jenseits von Disziplinen: Beobachtungen im Forscherfeld. In J. Ludwig (Hrsg.), *Interdisziplinarität als Chance. Wissenschaftstransfer und Beratung im lernenden Forschungszusammenhang. Wissenschaft / Praxis Dialog Weiterbildung, 13* (S. 289–318). Bielefeld: W. Bertelsmann Verlag.

Elsholz, U. (2012). Betriebliche Weiterbildung als interdisziplinäres Forschungsfeld – Annäherung an eine berufs- und wirtschaftspädagogische Perspektive. In U. Faßhauer & B. Fürstenau (Hrsg.), *Berufs- und wirtschaftspädagogische Analysen. Aktuelle Forschungen zur beruflichen Bildung. Schriftenreihe der Sektion Berufs- und Wirtschaftspädagogik der Deutschen Gesellschaft für Erziehungswissenschaft (DGfE)* (S. 25–34). Opladen (u. a.): Leske + Budrich.

Erpenbeck, J. & von Rosenstiel, L. (Hrsg.) (2007). *Handbuch Kompetenzmessung. Erkennen, verstehen und bewerten von Kompetenzen in der betrieblichen, pädagogischen und psychologischen Praxis* (2., überarb. und erw. Aufl.). Stuttgart: Schaefer-Poeschel.

Euler, D. (2005). Forschendes Lernen. In S. Spoun & W. Wunderlich (Hrsg.), *Studienziel Persönlichkeit: Beträge zum Bildungsauftrag der Universität heute* (S. 253–272). Frankfurt am Main (u. a.): Campus.

Europäisches Parlament & Rat der Europäischen Union (2008). *Empfehlung des Europäischen Parlaments und des Rates vom 23. April 2008 zur Einrichtung des Europäischen Qualifikationsrahmens für lebenslanges Lernen.* Amtsblatt der Europäischen Union, 06.05.2008.

Faulstich, P. (1996). Qualifikationsbegriffe und Personalentwicklung. *Zeitschrift für Berufs- und Wirtschaftspädagogik, 92* (4), 366–379.

Feichtinger, J., Mitterbauer, H. & Scherke, K. (2004). Interdisziplinarität – Transdisziplinarität. Zu Theorie und Praxis in den Geistes- und Sozialwissenschaften. *Newsletter Moderne, 7* (2), 11–16.

Fleck, L. (1929). Zur Krise der „Wirklichkeit". In L. Fleck (1983), *Erfahrung und Tatsache. Gesammelte Aufsätze* (S. 46–58). Frankfurt am Main: Suhrkamp.

Fleck, L. (1935). Über die wissenschaftliche Beobachtung und die Wahrnehmung im Allgemeinen. In L. Fleck (1983), *Erfahrung und Tatsache. Gesammelte Aufsätze* (S. 59–83). Frankfurt am Main: Suhrkamp.

Fleck, L. (1936*)*. Das Problem einer Theorie des Erkennens. In L. Fleck (1983), *Erfahrung und Tatsache. Gesammelte Aufsätze* (S. 84–127). Frankfurt am Main: Suhrkamp.

Fleck, L. (1947). Schauen, sehen, wissen. In L. Fleck (1983), *Erfahrung und Tatsache. Gesammelte Aufsätze* (S. 147–175). Frankfurt am Main: Suhrkamp.

Fuest, V. (2004). *Alle reden von Interdisziplinarität aber keiner tut es. – Anspruch und Wirklichkeit interdisziplinären Arbeitens in Umweltforschungsprojekten.* Göttingen/Bonn. Verfügbar unter: http://www.heidelberger-lese-zeiten-verlag.de/archiv/online-archiv/fuestneu.pdf [06.08.2016].

Gadamer, H.-G. (1971). *Die Begriffsgeschichte und die Sprache der Philosophie.* Opladen: Leske + Budrich.

Gieseke, W. & Siebers, R. (1996). Zur Relativität von Methoden in erfahrungsverarbeitenden Lernkontexten. In R. Arnold (Hrsg.), *Lebendiges Lernen* (S. 207–215). Baltmannsweiler: Schneider Verlag Hohengehren.

Häring, K. (2003). *Evaluation der Weiterbildung von Führungskräften. Anspruch und Effektivitätscontrolling in deutschen Unternehmen.* Wiesbaden: Springer.

Harney, K. (1998). *Handlungslogik betrieblicher Weiterbildung.* Stuttgart: Hirmer.

Hauser, A. (2012). *Interdisziplinäre Orientierungen Hochschullehrender in der Studieneingangsphase.* In P. Kossack, U. Lehmann & L. Ludwig (Hrsg.), *Die Studieneingangsphase* (S. 79–90). Bielefeld: Universitätsverlag Webler.

Heckhausen, H. (1972). Discipline and Interdisciplinarity. In L. Apostel, G. Berger, A. Briggs & G. Michaud (Hrsg.), *Interdisciplinarity. Problems of teaching and research in universities* (S. 83–89). Paris: OECD.

Heckhausen, H. (1987). Interdisziplinäre Forschung zwischen Intra-, Multi- und Chimären-Disziplinarität. In J. Kocka (Hrsg.), *Interdisziplinarität* (S. 129–145). Frankfurt am Main: Suhrkamp.

Heid, H. (2006). Interdisziplinarität. In D. Lenzen (Hrsg.), *Pädagogische Grundbegriffe. 1 Aggression- Interdisziplinarität,* (8. Aufl., S. 781–798). Reinbek bei Hamburg: Rowohlt.

Heilbron, J. (2005). Das Regime der Disziplinen. Zu einer historischen Soziologie disziplinärer Wissenschaft. In H. Joas & H. Kippenberg (Hrsg.), *Interdisziplinarität als Lernprozess* (S. 23–55). Göttingen: Wallstein Verlag.

Heymann, H. (2006). Kritikfähigkeit. *Pädagogik* (58), 6–9.

Hippe, T. (2014). Kampf der Kulturen? Interdisziplinarität im Disput der Politik- und Wirtschaftsdidaktik. *Zeitschrift für Didaktik der Gesellschaftswissenschaften, 5* (1), 40–59.

Hof, C. (2002). Von der Wissensvermittlung zur Kompetenzorientierung in der Erwachsenenbildung? Anmerkungen zur scheinbaren Alternative zwischen Kompetenz und Wissen. *Literatur- und Forschungsreport Weiterbildung* (49), 80–89.

Hof, C. (2009). *Lebenslanges Lernen: Eine Einführung.* Stuttgart: Verlag W. Kohlhammer.

Hufer, K.-P. (2008). Funktionalität statt Aufklärung? Politische Erwachsenenbildung und die Konjunktur der Kompetenz. *Kursiv: Journal für politische Bildung* (3), 12–17. http:// die-weiterbildung-in-nrw.de/files/kompetenz_klaus-peter_hufer.pdf [04.01.2014].

Hug, T. (Hrsg.) (2001). *Wie kommt Wissenschaft zu Wissen?* Baltmannsweiler: Schneider Verlag Hohengehren.

Immelmann, K. (1987). Interdisziplinarität zwischen Natur- und Geisteswissenschaften – Praxis und Utopie. In J. Kocka (Hrsg.), *Interdisziplinarität* (S. 82–91). Frankfurt am Main: Suhrkamp.

Joas, H. & Kippenberg, H. G. (2005). *Interdisziplinarität als Lernprozess. Erfahrungen mit einem handlungstheoretischen Forschungsprogramm.* Göttingen: Wallstein.

Jungert, M. (2013). Was zwischen wem und warum eigentlich? Grundsätzliche Fragen der Interdisziplinarität. In M. Jungert, E. Romfeld, T. Sukopp & U. Voigt (Hrsg.), *Interdisziplinarität. Theorie, Praxis, Probleme* (2. durchges. Aufl., S. 1–12). Darmstadt: Wissenschaftliche Buchgesellschaft.

Jungk, R. & Müllert, N. R. (1981). *Zukunftswerkstätten – Wege zur Wiederbelebung der Demokratie.* Hamburg: Hoffmann und Campe.

Jungk, R. & Müllert, N. R. (1989). *Zukunftswerkstätten. Mit Phantasie gegen Routine und Resignation.* München: Heyne Verlag.

Kastner, M. (2016). Inklusion durch Erwachsenenbildung – mehr als nur eine utopische Hoffnung? Eine Bildungsintervention für formal gering qualifizierte Erwachsene im Kontext des Nationalen Qualifikationsrahmens. In: Berufs- und Wirtschaftspädagogik – online. Verfügbar unter: http://www.bwpat.de/ausgabe 30/kastner_bwpat30.pdf [15.12.2016].

Kaufmann, F. (1987). Interdisziplinäre Wissenschaftspraxis. Erfahrungen und Kriterien. In J. Kocka (Hrsg.), *Interdisziplinarität* (S. 63–81). Frankfurt am Main: Suhrkamp.

Kleemann, F., Matuschek, I. & Voß, G. G. (1999). *Zur Subjektivierung von Arbeit: WZB-discussion-papers.* Wissenschaftszentrum Berlin für Sozialforschung (S. 99–512). Verfügbar unter: http://bibliothek.wzb.eu/ pdf/1999/p99-512.pdf [9.1.2014].

Knoblauch, H. (2010). Von der Kompetenz zur Performanz. Wissenssoziologische Aspekte von Kompetenz. In T. Kurtz & M. Pfadenhauer (Hrsg.), *Soziologie der Kompetenz* (S. 237–255). Wiesbaden: VS Verlag für Sozialwissenschaften.

Knoll, J. (2007). Neues Leben anregen. Kunst als Korrespondenzgeschehen. *Forum Erwachsenenbildung* (4), 18–19.

Kocka, J. (1987). Einleitung. In J. Kocka (Hrsg.), *Interdisziplinarität* (S. 7–16). Frankfurt am Main: Suhrkamp.

Kocka, J. (1991). Realität und Ideologie der Interdisziplinarität: Erfahrungen am Zentrum für interdisziplinäre Forschung Bielefeld. In J. Mittelstraß (Hrsg.), *Einheit der Wissenschaften. Internationales Kolloquium der Akademie der Wissenschaften zu Berlin, Bonn, 25.–27. Juni 1990. Forschungsbericht 4*, (S. 127–144) Berlin (u. a.): W. de Gruyter. Verfügbar unter: http://hdl.handle.net/10419/112614 [08.11.2015].

Kockelmann, J. (1979). Why Interdisciplinarity? In J. Kockelmans (Hrsg.), *Interdisciplinarity and higher education* (S. 67–69). University Park: Pennsylvania State University Press.

Koselleck, R. (1972). Einleitung. In O. Brunner, W. Conze & R. Koselleck (Hrsg.), *Geschichtliche Grundbegriffe. Historisches Lexikon zur politisch-sozialen Sprache in Deutschland, Bd. 1*, XIII–XXVII. Stuttgart: Klett-Cotta.

Koselleck, R. (1979). Begriffsgeschichte und Sozialgeschichte. In R. Koselleck (Hrsg.), *Historische Semantik und Begriffsgeschichte* (S. 19–36). Stuttgart: Klett-Cotta.

Koselleck, R. (2006). *Begriffsgeschichten. Studien zur Semantik und Pragmatik der politischen und sozialen Sprache*. Frankfurt am Main. Suhrkamp.

Kraus, K. (2006). *Vom Beruf zur Employability? Zur Theorie einer Pädagogik des Erwerbs*. Wiesbaden: VS Verlag für Sozialwissenschaften.

Kraus, K., Stang, R., Schreiber-Barsch, S. & Bernhard, C. (2015). Erwachsenenbildung und Raum. Eine Einführung. In C. Bernhard, K. Kraus, S. Schreiber-Barsch & R. Stang: *Erwachsenenbildung und Raum. Theoretische Perspektiven – professionelles Handeln – Rahmungen des Lernens* (S. 11–28). Bielefeld: W. Bertelsmann Verlag.

Kron, F. W. (1999). *Wissenschaftstheorie für Pädagogen*. München (u. a.): Reinhardt.

Kunter, M., Seidel, T. & Artelt, C. (2015). Pädagogisch-psychologische Kompetenzen von Lehrkräften – Editorial. *Zeitschrift für Entwicklungspsychologie und Pädagogische Psychologie, 47* (2), 59–61. Verfügbar unter: http://dx.doi.org/10.1026/0049-8637/a000123 [04.10.2016].

Ladenthin, V. (2011). Kompetenzorientierung als Indiz pädagogischer Orientierungslosigkeit. *Profil, Mitgliederzeitung des Deutschen Philologenverbandes 09/2011*.

Laudel, G. & Gläser, J. (1999). Konzepte und empirische Befunde zur Interdisziplinarität: Einige Möglichkeiten für die Wissenschaftssoziologie, an Arbeiten von Heinrich Parthey anzuschließen. In W. Umstätter & K. Wessel (Hrsg.), *Interdisziplinarität – Herausforderung an die Wissenschaftlerinnen und Wissenschaftler. Festschrift zum 60. Geburtstag von Heinrich Parthey.* (S. 19–36). Bielefeld: Kleine Verlag.

Lehnen, K. (2016). Stichwort „Sprache und Sprechen in der Erwachsenenbildung". *DIE. Zeitschrift für Erwachsenenbildung 3/2016: Sprache und Sprechen in der Erwachsenenbildung,* 22–23.

Lerch, S. (2010). *Lebenskunst lernen? Lebenslanges Lernen aus subjektwissenschaftlicher Sicht.* Bielefeld: W. Bertelsmann Verlag.

Lerch, S. (2013). Selbstkompetenz – eine neue Kategorie zur eigens gesollten Optimierung? Theoretische Analyse und empirische Befunde. *Report. Zeitschrift für Weiterbildungsforschung 36* (1), 25–34.

Lerch, S. (2014). Sprechen Sie interdisziplinär? In C. Schier, & E. Schwinger (Hrsg.), *Interdisziplinarität und Transdisziplinarität als Herausforderung akademischer Bildung. Innovative Konzepte für die Lehre an Hochschulen und Universitäten* (S. 79–94). Bielefeld: transcript.

Lerch, S. (2016). *Selbstkompetenzen. Eine erziehungswissenschaftliche Grundlegung.* Wiesbaden: VS Verlag für Sozialwissenschaften.

Löw, M. (2001). Raumsoziologie. Frankfurt am Main: Suhrkamp.

Löwisch, D. J. (2000). *Kompetentes Handeln. Bausteine für eine lebensweltbezogene Bildung.* Darmstadt: Wissenschaftliche Buchgesellschaft.

Löffler, W. (2013). Vom Schlechten des Guten: Gibt es schlechte Interdisziplinarität? In M. Jungert, E. Romfeldt, T. Sukopp & U. Voigt (Hrsg.), *Interdisziplinarität. Theorie, Praxis, Probleme* (2. durchges. Aufl., S. 157–172). Darmstadt: Wissenschaftliche Buchgesellschaft.

Ludwig, J. (2008). Interdisziplinarität als Chance. Einführung in Projektkontext, Ziele, Fragestellungen. In L. Joachim (Hrsg.), *Interdisziplinarität als Chance. Wissenschaftstransfer und Beratung im lernenden Forschungszusammenhang* (S. 13–28). Bielefeld: W. Bertelsmann Verlag.

Marquardt, P. (2015). Interdisziplinarität? Erkenntnisse der Technikphilosophie – Argumente für einen Kulturwandel? In N. Nistor & S. Schirlitz (Hrsg.), *Digitale Medien und Interdisziplinarität. Herausforderungen, Erfahrungen, Perspektiven* (S. 24–34). Münster, New York: Waxmann. Verfügbar unter: http://www.pedocs.de/volltexte/2015/11337/pdf/Marquardt_2015_Interdisziplinaritaet.pdf [06.08.2016].

Meyer-Drawe, K. (1986). Lebenswelt. In H.-D. Haller & H. Meyer (Hrsg.), *Enzyklopädie Erziehungswissenschaft. Handbuch und Lexikon der Erziehung. Band 3. Ziele und Inhalte von Erziehung und Unterricht* (S. 505–511). Stuttgart: Klett-Cotta.

Mittelstraß, J. (1987). Die Stunde der Interdisziplinarität. In J. Kocka (Hrsg.), *Interdisziplinarität. Praxis – Herausforderung – Ideologie* (S. 152–158). Frankfurt am Main: Suhrkamp.

Mittelstraß, J. (1989). *Der Flug der Eule. Von der Vernunft der Wissenschaft und der Aufgabe der Philosophie.* Frankfurt am Main: Suhrkamp.

Mittelstraß, J. (2003). *Transdisziplinarität – Wissenschaftliche Zukunft und institutionelle Wirklichkeit.* Konstanz Universitätsverlag.

Mittelstraß, J. (2005). *Methodische Transdiszplinarität – Mit Anmerkungen eines Naturwissenschaftlers. Technologienabschätzung – Theorie und Praxis, 14* (2), 18–23.

Müller-Christ, G. (2001). *Umweltmanagement: Umweltschutz und nachhaltige Entwicklung.* München: Vahlen.

Müller-Ruckwitt, A. (2008). *„Kompetenz". Bildungstheoretische Untersuchungen zu einem aktuellen Begriff.* Würzburg: Ergon.

Pessoa, Fernando (1998). *Das Buch der Unruhe des Hilfsbuchhalters Bernardo Soare* (15. Aufl.) Frankfurt am Main: Fischer.

Platzer, K. (2002). Interdisziplinarität in einem gesellschaftlichen Handlungsfeld: Ethische Urteilsbildung im Kontext moderner Biotechnologie und Gentechnik. In A. Wellensiek & H. Petermann (Hrsg.), *Interdisziplinäres Lehren und Lernen in der Lehrerbildung. Perspektiven für innovative Ausbildungskonzepte* (S. 166–187). Weinheim (u.a.): Beltz.

Reinhard, P., Ballstaedt, S., Rentschler, M., Rottländer, E. & Wagner, G. (1997). Noch Fragen? Interdisziplinäres Textverstehen. *Zeitschrift für Didaktik der Naturwissenschaften, 3* (2), 23–41.

Reinmann, G. (2013). *Forschendes Lernen oder Bildung durch Wissenschaft. Hochschuldidaktische Überlegungen zum Kern universitärer Lehre.* Verfügbar unter: http://gabi-reinmann.de/?p=4374 [05.06.2016].

Reischmann, J. & Dieckhoff, K. (1996). „Da habe ich wirklich etwas gelernt!" – Lebendiges Lernen von Erwachsenen: Selbststeuerung oder Ermöglichungsdidaktik? In R. Arnold (Hrsg.), *Lebendiges Lernen* (S. 162–183). Baltmannsweiler: Schneider Verlag Hohengehren.

Reischmann, J. (2003). *Weiterbildungs-Evaluation. Lernerfolge messbar machen.* Neuwied: Luchterhand.

Rosa, H. & Endres, W. (2016). *Resonanzpädagogik. Wenn es im Klassenzimmer knistert.* Weinheim (u.a.): Beltz.

Roth, H. (1971). *Pädagogische Anthropologie. Band 2: Entwicklung und Erziehung.* Hannover: Schroedel.

Ruhe, H. G. (2014). *Praxishandbuch Biografiearbeit. Methoden, Themen und Felder.* Weinheim, Basel: Beltz Juventa.

Sander, W. (2009). Ein didaktischer Werkzeugkoffer: Tools für die Planung von Lernumgebungen. *Aufgelesen. Staatliches Studienseminar für das Lehramt an Berufsbildenden Schulen Neuwied.* 3/2009, Verfügbar unter: http://studienseminar.rlp.de/fileadmin/user_upload/studienseminar.rlp.de/bb-nr/Praktika/Sander_Didaktische_Prinzipien.pdf [23.07.2016].

Schäfer, L. & Schnelle, T. (1983). Die Aktualität Ludwik Flecks in der Wissenssoziologie und Erkenntnistheorie. In L. Schäfer & T. Schnelle

(Hrsg.), *Erfahrung und Tatsache* (S. 9–34). Frankfurt am Main: Suhrkamp.

Scherr, A. (2009). Warum theoretisch undisziplinierte Interdisziplinarität eine gesellschaftstheoretisch fundierte reflexive Jugendforschung nicht ersetzen kann. *Diskurs Kindheits- und Jugendforschung, 3*, 321–335.

Schier, C. & Schwinger, E. (Hrsg.) (2014). *Interdisziplinarität und Transdisziplinarität als Herausforderung akademischer Bildung. Innovative Konzepte für die Lehre an Hochschulen und Universitäten.* Bielefeld: transcript.

Schlager, C. (2014). Von Stolper- und Meilensteinen im Feld der interdisziplinären Lehre. Kulturanalytische Perspektiven am Beispiel des Projektes »Coburger Weg«. In C. Schier & E. Schwinger (Hrsg.), *Interdisziplinarität und Transdisziplinarität als Herausforderung akademischer Bildung. Innovative Konzepte für die Lehre an Hochschulen und Universitäten* (S. 197–210). Bielefeld: transcript.

Schmidt-Lauff, S. (2008). *Zeit für Bildung im Erwachsenenalter. Interdisziplinäre und empirische Zugänge.* Münster: Waxmann.

Schneewind, K. A. (2012). Öffnung in der Universität: Interdisziplinarität in Forschung, Lehre und Anwendung. In R. Oerter (Hrsg.), *Universitäre Bildung – Fachidiot oder Persönlichkeit* (S. 210–218). Mering: Rainer Hampp Verlag.

Schneider, H. J. (1993). Distanz zur Disziplin. Besonderheiten interdisziplinären Arbeitens. *Universitas. Zeitschrift für interdisziplinäre Wissenschaft, 48* (4), 362–376.

Schütz, A. & Luckmann, T. (1994). *Strukturen der Lebenswelt, Teil 2* (3. Aufl.). Frankfurt am Main: Suhrkamp.

Sedmak, C. (2003). Was heißt interdisziplinäres Arbeiten? In R. Deinhammer (Hrsg.), *Was heißt interdisziplinäres Arbeiten. Working Papers theories & commitments* (S. 5–18). Verfügbar unter: https://www.uni-salzburg.at/fileadmin/multimedia/Zentrum_fuer_Ethik_und_Armutsforschung/documents/Working_Papers/Theories_And_Commitments/Deinhammer-Interdisziplin%C3%A4resArbeiten.pdf [06.08.2016].

Seeber, S. (2010). Kompetenzdiagnostik in der Berufsbildung. Begründung und Ausgestaltung eines Forschungsprogramms. *Beilage zu BWP*, H. 1, 1–15.

Sellnow, R. (o. J.). *Einführung in die Methode der Zukunftswerkstatt.* Verfügbar unter: http://www.sellnow.de/docs/ZW-Modell.pdf. [06.08.2016].

Sentker, A. (04.05.2016). Titelthema Rhetorik: Was macht einen guten Redner aus? *DIE ZEIT 20/2016*, 35–36.

Steinmaurer, T. (2016). *Permanent vernetzt. Zur Theorie und Geschichte der Mediatisierung.* Wiesbaden: Springer.

Stichweh, R. (2013). *Wissenschaft, Universität, Professionen. Soziologische Analysen.* Bielefeld: transcript.

Stojanov, K. (2006). *Bildung und Anerkennung. Soziale Voraussetzungen von Selbst-Entwicklung und Welt-Erschließung.* Wiesbaden: VS Verlag für Sozialwissenschaften.

Stowasser, J. M., Christ, A., Petschenig, M. & Skutsch, F. (1998). *Stowasser. Lateinisch-deutsches Schulwörterbuch.* Wien: Hölder-Pichler-Tempsky [u.a.].

Sukopp, T. (2013). Interdisziplinarität und Transdisziplinarität. Definitionen und Konzepte. In M. Jungert, E. Romfeld, T. Sukopp & U. Voigt (Hrsg.), *Interdisziplinarität. Theorie, Praxis, Probleme.* (2. durchges. Aufl., S. 13–30). Darmstadt: Wissenschaftliche Buchgesellschaft.

Tafreschi, A. (2005). *Zur Benennung und Kategorisierung alltäglicher Gegenstände: Onomasiologie, Semasiologie und Kognitive Semantik.* Kassel: University Press.

Teuchert, B. (2016). Chancen und Möglichkeiten des Erwerbs rhetorischer Kompetenzen: Sprachwissenschaftliche Perspektiven auf Erwachsenenbildung. *DIE. Zeitschrift für Erwachsenenbildung 3/2016: Sprache und Sprechen in der Erwachsenenbildung, 32–34.*

Tietgens, H. (1985). Zugänge zur Geschichte der Erwachsenenbildung. In H. Tietgens, *Zugänge zur Geschichte der Erwachsenenbildung.* (S. 7–16). Bad Heilbrunn: Klinkhardt.

Tietgens, H. (1993). Der Begriff der Lebenswelt im Kontext der Erwachsenenbildung. *Erwachsenenbildung, 43* (2), 59–62.

Tippelt, R. & Hippel, A. (Hrsg.) (2011). *Handbuch Erwachsenenbildung/ Weiterbildung* (5. Aufl.). Wiesbaden: VS Verlag für Sozialwissenschaften.

Viertel, E. (2011). Qualifikationsrahmen zwischen Sinnhaftigkeit und Ideologie. *Education Permanente* (1), 10–13.

Voigt, U. (2013). Interdisziplinarität: Ein Modell der Modelle. In M. Jungert, E. Romfeld, T. Sukopp & U. Voigt (Hrsg.), *Interdisziplinarität. Theorie, Praxis, Probleme* (2. durchges. Aufl., S. 31–46). Darmstadt: Wissenschaftliche Buchgesellschaft.

Waldenfels, B. (1997). *Topographie des Fremden. Studien zur Phänomenologie des Fremden.* Frankfurt am Main: Suhrkamp.

Walk, H., Sambale, J. & Eick, V. (2008). Ein Elend und seine Dimensionen. In J. Sambale, V. Eick & H. Walk (Hrsg.), *Das Elend der Universitäten. Neoliberalisierung deutscher Hochschulen* (S. 7–25). Münster: Westfälisches Dampfboot.

Weinert, F. E. (2001*)*. Concept of competence: A conceptual clarification. In D. Rychen & L. Salganik (Hrsg.), *Defining and selecting key competencies* (S. 45–66). Seattle: Hogrefe und Huber.

Weingart, P. (1997). Interdisziplinarität – Der paradoxe Diskurs. *Ethik und Sozialwissenschaften, 8* (4), 521–529.

Weiß, R. (2005). Bildungscontrolling – Messung des Messbaren. In M. Gust, & R. Weiß (Hrsg.), *Praxishandbuch Bildungscontrolling für exzellente Personalarbeit* (S. 29–50). München: USP International.

Weißköppel, A. (2014). Innovation durch Integration. Herausforderungen und Chancen interdisziplinärer Hochschullehre. In C. Schier & E. Schwinger (Hrsg.), *Interdisziplinarität und Transdisziplinarität als Herausforderung akademischer Bildung. Innovative Konzepte für die Lehre an Hochschulen und Universitäten* (S. 139–152). Bielefeld: transcript.

Zlatkin-Troitschanskaia, O., Pant, H. A., Kuhn, C., Toepper, M. & Lautenbach, C. (2016). *Messung akademisch vermittelter Kompetenzen von Studierenden und Hochschulabsolventen. Ein Überblick zum nationalen und internationalen Forschungsstand.* Wiesbaden: Springer.